自己肯定感、持っていますか？

あなたの世界をガラリと変える、
たったひとつの方法

自我肯定的奇蹟

日本人際關係諮商首席專家
帶你找到通往幸福的途徑

方舟文化

contents

Lesson 4

如何學會「尊重自己」

——在善待他人的溫柔中，看見自己的努力

Lesson 5

建立「眞正的連結」

——深化自我肯定感，擁有真誠自在的人際關係

contents

推薦序

放下評價，看見值得肯定的自己

臨床心理師 蘇益賢

英國詩人約翰・多恩（John Donne）曾說：「沒有人是一座孤島，可以自全。」生活就是一段段人際互動的旅程，與人互動創造了許多歡樂，卻也帶來不少痛苦。在我陪伴個案的過程裡，人際困境十分常見，像是：跟人互動時，我該「做自己」嗎？我要愛自己多一點，還是為對方多著想一點？我該如何拿捏人我之間那條看不見的線？這些議題，正與本書的主題「自我肯定感」密切相關。

「自我肯定」是個容易被誤解的概念。第一次看到這個詞語時，出於直覺，我們可能會解釋為：當某人符合某項「優點或成就」，他就能「讚賞」自己。不過，這當中的兩個元素（其一是「達成某個條件」、其二是「讚賞」），其實都不算是自我肯定。

其實，自我肯定並不是一種讚賞或自我感覺良好，而是源自於「尊重」；同時，真正的自我肯定必須是「無條件的」。這讓我想起心理治療大師卡爾．羅傑斯（Carl Rogers）的主張——身而為人，就值得被尊重。放下評價、標籤，予人無條件的尊重時，就能帶出更多對自己的好奇、探索與理解。

缺乏自我肯定者，難以接納自己、也無法真誠地接納他人，既無法理解自己內心真實的需求，遑論感受他人的需求，進而創造雙贏局面。以近幾年台灣校園常見的霸凌現象為例，在這類人際困境中，自我肯定感的缺乏就可能扮演著關鍵角色。

不少欺負同學的孩子，在過去的經驗中可能未曾被無條件地尊重過、情緒或感受也未被重要他人所「認可」（validation，此概念為辯證行為治療的重要精神），因而需要仰賴霸凌行為來獲得價值感，以此彰顯自己的存在。不過這種「有條件」的自我肯定並不穩固，很容易因條件更異而動搖。常見的例子就是有另一個更厲害的小霸王崛起時，原有的小霸王地位也就不保了。

而被霸凌的孩童，往往是同儕「找缺點」時的受害者，這種互動中的關鍵便是「評價」。孩童一邊學會使用評價解決生活問題，一邊也用它認識自己與別人。我身材不好、你太矮、他數學不好、她沒有跟我們一樣的玩具，這些都是評價。而使用評價時，我們容易把對方「評價化」，只看到那些評價，卻忽視了對方這個真實的「人」。

因此，被霸凌的孩子需要的，不是找到自己的優點來戰勝霸凌者（這又是一種人為決定的評價），而是經由提供協助，引導他們自我肯定，發自內心同理自己（乃至於對方），培養尊重自己感受的勇氣，並學會用有效的方法表達，請對方尊重自己。霸凌他人的孩子其實也是受傷的孩子，一樣需要在被尊重的環境下學習自我肯定，認識自己的感受與需求，並學會尊重對方，更有智慧地與外界溝通。

從此例可以看到，衝突下的雙方，其實都需要被尊重、被理解。放下評價與批判，讓人感受到安全的氛圍時，「接納」與「改變」這兩股看似衝突的力量就有機會共存，進而開啟內心成長的開關。

例子若移轉到成人生活中最常見的工作與家庭情境，自我肯定也是個實用的工具。在職場人際關係裡，如何保有自我是常見的難題，當「我」的需求與「團體」衝突時，我該如何抉擇？

相信許多人都曾因團體壓力，而勉強自己做了一些不喜歡的事情。此時，我們常好奇地問遭遇此類煩惱的諮詢者：在選擇「自我」與「團體」時，你考量的點有哪些？仔細盤點後，他們往往會訝異地發現，「替別人想」其實比較容易，特別是在華人文化的脈絡下，維持群體氣氛和諧，往往是我們內心常有的守則。若是用自我肯定的觀點來討論這樣的情境，我們要去做的，並非要是否定「替別人想」這件事，而是很公平地一併練習「替自己想」。藉由「同時」看見雙方的需求、並予以尊重後，我們更能做出好的決定。即便幾經思量後，我們還是選擇配合團體行動，但至少在心中，我們也做足了替自己想的部分、尊重了自己的感受，心情上也會舒坦一些。

下班後回到家裡，親子相處時的界線拿捏，也是常見的難題。許多「孩子」即便已是成人，仍感覺受到爸媽的「控制」，難以說出真心話。若以自我肯定的角度切入，我們要提醒家長，自我肯定並不是肯定自己、否決對方。若希望意見被接納，放下預設的身分立場（例如：「我是你爸，聽我的就是。」），對方反而更容易感受到自己的關心，而願意傾聽與接納。對於已經成人的孩子，我們更鼓勵要多多練習無條件地傾聽自己內心真實的感受，並且坦誠地表達；同時也試著理解家長的想法，接納父母的觀點（接納並不表示「贊同」，而是允許對方在這種狀況下，會有那樣的想法）。雙方都巧妙地以自我肯定各退一小步，更有可能在兩種觀點中找到平衡點。

自我肯定是需要練習的。特別是在成長過程中，我們常把「評價」與「尊重」綁在一起，「達成某某後（如考到九十分），我才會被愛、被尊重」，這樣的想法會促使我們努力上進，卻也使我們忘記如何擁抱自己。因此，長大後的我們需要花點力氣來重新理解，自我肯定並不需要條件；也正是因為無需條件，它創造出來的安全與信任，反而是最穩定的。

水島廣子醫師擅長以生活常見事件為素材，引導讀者理解在各種處境下自我肯定的重要性與實踐方法。她就像是一位有耐心的長者，在旁一而再、再而三，始終懇切的叮嚀，這種耐心正是培養自我肯定感的關鍵。所以，這本好讀易懂的書可能需要不只一次以上的閱讀，尤其是當我們在人生中遭遇不順遂，開始否定自己、懷疑他人，正是再次閱讀的時機。

閱讀過程中，除了理解作者想表達的概念，我們也可以試著一邊對應到自己的生活經驗。透過這樣的過程，這些新的想法與觀點更有可能內化成我們的一部分。在未來面對壓力與挑戰時，若我們可以自發性地告訴自己：「即便面對這樣的狀況，我可以先放下對自己與他人的批判，試著理解、接納並尊重彼此感受之後，再來處理事情。」這或許就是自我肯定感已經養成的時刻。

書末有一段話是：「體認所有存在於這個地球上的人事物，全都屬於生命的恩惠。」這種終極的尊重與自我肯定，聽起來或許有些不可思議，但透過耐心的練習，自我肯定確實能打開我們看待自己、他人與世界的另一雙眼，讓生命的恩惠出現。

誠摯推薦這本溫暖的書給大家！

推薦序

為何一生都要活在別人的嘴裡？

諮商心理師、作家　黃之盈

看著這本書的同時，我想起一位朋友，他做什麼都害怕做錯，常揣摩別人的想法，他認為這樣很聰明，他的人生終極目標就是把身邊的人都照顧得舒舒服服的。於是，他像是蒐集成功掌聲的集點者，弄得自己很忙；他常掛著笑容，事實卻不然，他表現的快樂，是因為想讓身邊的人開心，但問他真的開心嗎？他說他不知道。

你是個演員嗎？

你是否也想起身邊的誰，他們常說自己存在的意義就是「讓身邊的人開心」，可是當他不開心的時候，卻沒有人知道，而他也因為沒有人知道，就覺得自己也不應該知道，最後又怨懟別人都不懂。

當然，這類型的人是無法自我肯定的。為什麼呢？

因為他刻意壓抑自己、察言觀色，努力保持圓融以打入人群，這些作法不只是因為想獲得良好的評價，還可能是害怕看見別人對他漠然的眼光、害怕家人覺得他不懂事、更害怕另一半對他失望等⋯⋯所以當自己的聲音和感受從內心浮起，他就趕緊掩藏起來。

藏久了，就不知道自己是誰了。

「我很理性，感性只是敗壞行事的東西⋯⋯」當一個人把無法接受原本的自己，歸因於是出自理性，就像是給了自己一枚榮譽勳章，將來自心底的感受打上大大的叉！他一方面努力想與大家融洽交好，卻也默默怪罪別人很自私，想要別人覺得他很有大愛，標榜像他這樣才是美德！

然而，「與自己失聯」的人，是無法與別人真正有所連結的。

你知道嗎？原本的你就很可愛

水島廣子醫師點出許多人的問題，我們常常卡在「比較、應該、我要做到什麼程度才有資格……」的狀態，一旦原本要提升自己的話語變得不管用時，就會變成自我打擊。也許，我們都該重新回到「身而為人」的本質，肯定你原本的樣子，就足以值得被愛。

很喜歡書中的字裡行間撐出許多心理空間，在討好別人之前、被評價之後，都想想我們可以用什麼姿態回應。每個人都有他的成長道路，當我們自恃比較能承擔、比較能負荷，而且認為負荷不了就會被討厭，這只是跟自己過不去。這本書讓我們重拾人與人之間的尊重，運用這份心靈練習，我們將得以與自己、與身邊的人們重新接線，找回自己與他人真誠自在的連結姿態。

前言

找回自我肯定感，讓人生美好反轉

水島廣子

總是想著「像我這種人……」

總是沮喪自己為什麼不能像「〇〇」一樣。

總是認為不會有人喜歡自己。

就算再怎麼努力，也還是覺得不夠。

無法心疼自己。

覺得誰都不重視自己，總是心懷不滿。

無法說「ＮＯ」。

總是覺得只有自己格格不入。……

這些人，都擁有共通的問題，那就是「自我肯定感」。
我之後會在書中詳細說明，目前請大家先簡單地這樣理解——
「自我肯定感」，就是「珍惜自己的一種心情」。

自我肯定感，會對我們的各種行為產生影響。
例如，自我肯定感低落的人，就有不少「總是以他人為優先」。當自己與他人意見不同，他們總是率先退讓，說自己「沒關係」。因為無法拒絕別人的請求，所以總是把自己弄得遍體鱗傷。因為不敢主張自己的喜好，所以總是附和別人的喜好。
這些行為的根源，全都是出於自我肯定感的低落。
這樣的人認為自己的價值比別人低下，因此會忽視自己的意見、處境、身體狀況及喜好。
不過，就算知道這一點，於是努力逼自己——

「勇於表達自我，提升自我肯定感！」

「做一個敢說ＮＯ的人！」

情況也不一定會好轉。

只是說出自己的意見，並無法提升自我肯定感。

有些人反而會因此煩惱著「我說這些話對方會怎麼想」，或是「別人會不會覺得我很任性」，結果更加失去自信。

我是研究「人際關係療法」的專業精神科醫師。在這項療法中，我們必須透過表達內心的真實想法，促進互相理解、並從中感受到「連結」，進一步獲得「重掌人際關係」的感覺，而提升自我肯定感，最終治癒精神疾病。

為什麼提升自我肯定感，就能治癒精神疾病？

因為自我肯定感提升了，就不會再責備自己。

即使遇到挫折，也會理解「有時候就是會這樣」。
不安消失了，就能活得更輕鬆。
也有餘力體會到成就感。
一旦懂得珍惜自己，就不容易受人擺布。
也有能力將心意傳達給重要的人，感受彼此溫暖的連結，提高人際關係的品質。
最後產生自信，隨心所欲地享受人生。
進而治癒憂鬱症等心理疾病。

問題是，「表達內心的真實想法，促進相互理解、並從中感受到『連結』」，要達成這個結果並不容易。有時候試著告訴對方自己的真實想法，卻反而遭到猛烈的攻擊，這樣的情形也不時可見。
況且，對於自我肯定感低落的人來說，要「向對方表達自己的心意」，若沒有借助治療者的力量，基本上是很難做到的。有的人甚至會覺得，自己根本沒有必須說出真實想法的「對象」。

那麼，要如何提升自我肯定感？

本書要告訴大家的，是一種所謂「尊重他人」的方法。

尊重，也就是英文中的 Respect。Respect 有「尊重」、「尊敬」的意思，但在這裡只取「尊重」之意，因為「尊敬＝對比他人優秀的人抱持敬意」，與本書想表達的「尊重」，在意義上有些不同。

本書所說的「尊重」，是指「對原本的對方抱持敬意與尊重」。

聽到提升自我肯定感，許多人就會想到「找出自己喜歡的部分」或「更正視自己的感覺」這些以「自我」為中心的方法。

但是，這些方法通常不太有效果。只找出自己的某些部分，要自己去「喜歡」，是很難真正對「自己」這個存在抱持敬意與尊重的。

因此，本書特別將「尊重他人」，做為提升自我肯定感的關鍵。

或許有人會認為，「尊重他人」與之前提到的「以他人為優先，自己排後面」是一樣的做法，實際上並非如此，請大家放心。

若是心存懷疑，請繼續閱讀本書，相信你一定會體驗到美好的全新轉變，世界觀也會徹底反轉。

那麼，就讓我們繼續往下看吧！

Lesson 1

我們為什麼要霸凌自己？

——「自我肯定感」的重要性與影響力

「自我肯定感」並不是對「優秀的自己」感到驕傲，
而是覺得「原本的自己也很好」。
它是讓人活得更自在、同時與他人保持良好關係的生存必備營養素。
相反地，如果自我肯定感低落，就會不斷否定自己，
對於「要如何生存下去」感到不安、甚至覺得無能為力，
因為不懂得珍惜自己，也經常會傷害自我身心、為別人帶來負擔。

自我肯定感低落，就像是一種自我霸凌，
如果我們經常用「這樣是錯的」、「反正你也做不到」的眼光看待自己，
就等於是在不斷自我傷害，最後自然會讓心生病。

你有「自我肯定感」低落的問題嗎？

首先，我們先來重新了解「自我肯定感」到底是什麼。

例　雖說要有「自我肯定感」，但我根本沒有值得驕傲的才華及能力。

「自我肯定感」並不是對「優秀的自己」感到驕傲，而是覺得「原本的自己也很好」。

那並不是可以具體感覺到的東西，而是一種身心都被溫馨、舒適的空氣包圍住的感覺。

大多數時候，我們都不會意識到它的存在。它就像空氣，空氣的存在是如此理所當然，賴此存活的人們卻多半從未抱持感恩之心，只有當空氣不夠了，才會稍微感受到它等同於生命的重要性。

自我肯定感也是這樣的感覺。它是讓人們不會被負面思考捆綁，能自由地走在溫暖人生道路上的「空氣」。

一旦自我肯定感夠高，就不會總是尋找自己的缺陷與不足，可以過著更像自己的人生，也可以用明亮的眼神，看著自己及身邊的人事物與景色。

當然，這並不代表所有問題都會消失，但只要自我肯定感夠高，在問題發生時，就不會立刻陷入絕望，也比較容易抱持「先試著解決看看」、「應該有辦法」的心情。就算狀況無法順利解決，也不至於責備自己，反而會展現「這次失敗了，下次再努力」的積極態度。

也就是說，大多數人想像中的「幸福人生」，就能實現。

相反地，如果自我肯定感低落，就會不斷否定自己，認為這樣的自己「很糟糕」，也會對於「要如何生存下去」感到不安，甚至產生「不管做什麼都沒有意義」的無力感。

同時，也由於不懂得珍惜自己，經常會做出傷害自我身心的事，或是因絕望而導致問題行為。

自我肯定感低落的人，連對自己「自我肯定感低落」這件事，都以負面的眼光看待。他們會責備自己：「你就是自我肯定感低落，所以才這麼糟糕」、「為什麼我的自我肯定感這麼低」，結果讓自我肯定感變本加厲地受損。

自我肯定感低落，就像是一種自我霸凌。如果我們經常用「這樣是錯的」、「反正你也做不到」的眼光看待自己，就等於是在不斷自我傷害，最後自然會讓心生病。

事實上，因為心理疾病而需要治療的人，通常自我肯定感都極為低落。因此，他們需要進行一種稱為「肯定自我」的療程。

就算還沒有嚴重到需要治療，自我肯定感低落仍會造成各種「讓人生變得更艱難」的問題。當我們感到人生變得艱難，自我肯定感就會更為低落，最後陷入惡性循環。

本書的目的，就是要將這種惡性循環轉為正向循環，但首先我們必須具體了解，自我肯定感低落會引發什麼樣的問題。

POINT

提升自我肯定感，不再感到「人生艱難」。

自我肯定感低落實例❶

總是想著「像我這種人」……

例 覺得「像我這種人不可能做到」，於是不敢做任何新嘗試。

首先，自我肯定感低落的人會出現「像我這種人……」的想法。他們經常覺得自己比別人沒有價值，或是只有自己不對勁。自我肯定感若過於低落，甚至還會冒出「自己要是沒有生下來，說不定還比較好」的負面念頭。

一旦自我肯定感低落，自然就會「缺乏自信」，同時產生自暴自棄的心理，而認為：「像我這種人是不可能做到的」、「像我這種人是不會有人要的」。

如果覺得自己的價值比別人低下，就會完全不敢展現「原本的自己」，害怕別人看到那樣的自己會厭惡，使自己得到更低的評價。

過於在意別人眼光，甚至不惜偽裝自己，是自我肯定感低落者的明顯特徵。

例「我的部屬即使被指正也總是強詞奪理，絕不認錯。雖然做為她的上司很困擾，但我有時也會羨慕她有那麼高的自我肯定感。」

這個部屬乍看之下，與上述所說，總是想著「像我這種人……」的人完全相反，她的人生態度儼然是「我永遠是對的」。然而，她的自我肯定感是否真的很高，就很難說了。

事實上，越是表現強勢的人，越有可能自我肯定感低落。

這樣的人認為「一旦示弱就會被輕視」，所以就算做錯事被上司指正、內心裡也覺得自己搞砸了，還是會用強勢的行為來正當化自己的錯誤。

明明展現「原本的自己」並不會受到輕視，反而更可能獲得深刻的連結，他們卻無法想像有那樣溫暖的世界。

POINT

強勢的態度，不代表自我肯定感就比較高。

自我肯定感低落實例❷

總覺得還不夠努力，無法心疼自己

如果不能肯定自己，就無法依照「自己的期望」，而會以「他人的期望」及「做人應該有的原則」來行動。這樣一來，結果不是受人擺布，就是對自己抱著不切實際的期望，而導致心力交瘁。

由於不懂得珍惜自己，即使把自己弄得遍體鱗傷，也會竭盡全力要去完成他人或工作上的要求。

例 被選為專案組長後，我覺得領導者應該努力聆聽各成員的意見，結果卻承擔越來越多責任，平、假日都要加班，因而身心俱疲。

身為領導者，聽取其他人的希望及意見固然很重要，但這絕不代表「凡事言聽計從」。領導者在聽取各成員想法的同時，也要懂得適才適所地將工作分配出去，同時慢慢增加責任要求，這同樣是身為領導者重要的工作。

以這個例子而言，當事人即是被「身為領導者，應該努力聆聽各成員意見」的「應該」給捆綁住，同時也因為自我肯定感低落，讓自己被其他人壓制，結果完全無法發揮眾志成城的力量。

除了在領導上造成問題，更嚴重的是，這種過勞狀態將可能導致憂鬱症。

在這種時候，最重要的就是去思考「持續下去的可能性」，亦即試著衡量，這樣的模式自己能否長久因應。不是「必須堅持」，而是從「現實上是否可行」這個角度來評估。

既然本人都自覺超出負荷了，就更應該重新檢討「目前的工作模式是否可能持續」。

然而，自我肯定感低落的人無法採用「不需逞強，只要維持自己可能持續的狀態」這種以自我為中心的方式來思考。

因此，他們很難產生「超出負荷↓重新檢討工作模式」的認知，導致現實中有許多人都因此罹患了身心疾病。

除此之外，自我肯定感低落的人就算被提醒已經超出負荷，也會反駁「每個人都是這麼熬過來的」，從而不願改善問題。

他們總是用挑剔的眼光批評自己「還不夠努力」或「毅力不足」，因此無法察覺自己已經面臨必須改善的嚴重狀況了。

POINT

超出負荷也無法停止，總是批判自己。

自我肯定感低落實例❸

以他人為中心，行動和情緒都受擺布

例｜鄰座的同事常找我說話，導致工作被打斷，真的很困擾。每次對方一開口，我就會焦躁地想，「這次不知道又要講多久」。

自我肯定感低落，也會造成人際關係上的障礙。

乍聽之下，可能只會覺得「旁邊有這種同事確實很煩」。但是，這個例子卻隱藏著一個嚴重的問題，那就是——「對方找自己說話＝不聽不行」以及「何時停止說話由對方決定」的「他人中心主義」。

自我肯定感低落的人，無法以自我為中心思考，所以常被對方隨心所欲的行動所擺布。他們連這樣告訴對方的勇氣都沒有——「我很容易分心，一說話就沒辦法專注工作」，或是「我事情快做不完了，就說到這裡吧」。

例｜男友總是無法理解我的心情，真的很讓人生氣。

一旦自我肯定感低落，就很難向別人表達內心的意願，但當別人不理解自己的想法時，又會因此感受到壓力。

我們都以為自我肯定感低落的人對他人應該不會有太多期望，實際狀況卻完全相反——

越不能肯定自己的人，越希望別人能主動理解自己的心情。「難以傳達本身想法」的無力感，轉變成了「期望對方主動理解自己心情」的依存心態。

例「主管早上情緒非常差，我真擔心「該不會是自己昨天交的報告出問題了」。

如果自我肯定感低落，就算別人的行為與自己完全無關，也會敏感地揣測「是不是自己的錯」。

看到情緒不佳的人就想著：「是不是自己惹他生氣了？」看到疲憊的人則想著：「是不是自己讓他這麼累？」

或許有人會覺得，「像這樣常常反省自己，難道不好嗎？」有許多人更是從小就生活在「只要有人情緒不佳，就要想想自己是不是做錯什麼了」的環境裡。

然而，人們心情不好的理由有很多。可能只是身體不適，也或許是私生活出了什麼狀況。忽略其他所有的可能性，把原因全都歸咎到自己身上，只會累積不必要的壓力。

況且，身為成熟的社會人，即使心情不好也不該遷怒他人，而是要努力改善尚有可為的現狀。若真是報告出問題，身為主管理應直接告知對方；如果做不到，這個主管就等於缺乏「身為社會人的機能」。

此外，以主管的立場來看，自己只是稍微情緒不佳，底下就有人心驚膽顫地看自己臉色，其實也是很大的負擔。

主管也是人，也會有心情不好或無力疲累的時候，不可能隨時都情緒高昂。然而，自我肯定感低落的人，連「站在對方立場思考」這樣的餘裕都沒有。

POINT

不珍惜自己，就無法體諒他人。

自我肯定感低落實例❹

自認應居下位，無法與人親近相處

例 認為「自我肯定感太高會被討厭」。

我們雖然常說「為人要謙遜」，但是，很多內心想著「像我這種人……」的人，會為了讓對方處於相對比較高的位置，而刻意貶低自己，並且認為這樣才是對的。

也就是說，他們認為「像我這種人……」必須處於下位，才能表達對對方的重視。

接著，我們再來看看以下的例子。

例一　被稱讚就覺得不自在，聽到有人誇「你那件衣服很好看」，就會否認「沒這回事」。

自我肯定感低落時，會覺得「自己這種人沒有被稱讚的價值」。即使對方只是隨口讚美一聲，也無法坦然回應說聲「謝謝」，因為他們覺得如果道謝了，就等於承認自己也覺得衣服好看。

有時候，他們也會認為對方不可能真心讚美自己，若信以為真道了謝，只會自取其辱。所以他們會立刻否認「沒這回事」，而辜負別人善良的好意。

當然，不是所有自我肯定感低落的人，都無法接受他人的讚美。有些自我肯定感低落、卻又沒有自覺的人，反而會需要他人的奉承，對方若是沒有這麼做，還會耿耿於懷地記恨。這是自我肯定感低落帶來的「空虛感」，必須靠著別人的奉承填補，他們才能生存下去。

例明明是對方寫 mail 來找我商量煩惱，花費許多心神認真答覆後，對方卻毫無回應。

這個例子讓人更容易理解，自我肯定感低落的人是如何思考的。

一旦獲得別人的幫助，通常都應該向對方道謝，因此這種毫無回應的狀況實在令人費解；要是因此被認為「沒有禮貌」、或者讓對方覺得「被利用了」，也是理所當然。

然而，如果詢問當事人為何不道謝，又會發現另一種解讀——

「就算對方接到我這種人的道謝，也不會開心。」

「對方已經花那麼多時間回覆我了，不該再寫道謝信打擾他。」

這可以說是自我肯定感低落所造成的一種「症狀」。

只有具備相當程度的自我肯定感，才有「對方收到感謝會很開心」的自信。對於否定自我存在價值的人來說，他們不認為自己的感謝有什麼價值，更不願意拿這種事去煩擾別人。

然而，在認真寫信答覆的對方看來，卻會覺得這個人「毫無表示與回音，真的很失禮」。畢竟自己認真費了心思去幫助對方，這份心意不但沒有受到尊重，甚至還被完全無視了。

許多「拙於人際關係」的人，都是因為自我肯定感低落，而其中一個理由就是缺乏自信，於是不敢表達個人的意見。

除此之外，從這個例子也可看出，「像我這種人，不管做什麼或說什麼，對方都不會高興。」這種偏差的想法是很嚴重的問題。

這樣的人完全沒有發現，自己身而為人，其實擁有讓對方喜悅、安心等「帶來正面影響」的能力。人際關係必須有雙向的交流，才能活得像個人。一個人無論多受歡迎或多忙碌，收到別人的道謝時都會感到欣慰、高興。如果向對方道謝後卻只得到冷淡的回應，那就跟自己的自我肯定感沒太大關係，而是對方的問題了。

例 我總是愛上暴力男，真的很苦惱。

自我肯定感低落時，一旦有人向自己告白，就會因為「對方竟然會喜歡這樣的我?!」或是「我這樣也有人愛?!」而被打動，在還不了解對方之前，就倉促地建立深刻的關係。

然而，許多追求時作風霸氣、或表現出「眼中只有妳」的男性都有暴力傾向，等到自己終於發現的時候，往往已經被對方所控制。

因此，如果經常身陷不自由的扭曲關係，最好回過頭來檢視自我肯定感的問題。

POINT

不管是誰，都能帶給他人正面影響。

自我肯定感低落實例❺

卑微消極的態度，使人厭煩疲累

例　有個朋友每次開口總會説些消極、負面的話語，像是「真羨慕你這麼幸運」、「反正我就是不行」，實在很讓人厭煩。

自我肯定感低落的人，經常會像這位「朋友」一樣，總是自我貶低。不只如此，他們也總是抱著「絕對不會成功」的負面想法。

上一節曾提及「沒發現自己也能帶給他人正面影響」的狀況，而這裡的例子則是——「沒發現自己會帶給對方負面影響」。

他們把自己看得太低，因而沒發現自己與對方的存在是會互相影響的。他們會被對方的言詞傷害，卻認為自己說什麼，對方應該都無所謂，對自己與他人的認知有著嚴重偏差。

他們就是將自己看得如此卑微、無力。

於是，每當他們對別人說，「真羨慕你這麼幸運」或「反正我就是不行」，對方就得顧及他們的心情，不斷否認「沒這回事」，最後就如同例子中所說，而感到厭煩。

除了自我貶低，自我肯定感低落的人還有「容易自以為是、擅加論斷」的問題。為何會有這種狀況，大家在讀完本書後，應該就能理解；而「自以為是、擅加論斷」的程度越強，自我肯定感就越低落。

例｜明明對待別人總是小心翼翼，人際關係卻始終不佳。

這個例子和前述不同，當事人為了不帶給對方負面影響，所以拚命壓抑自己。既然如此，為什麼人際關係還是未見改善？

太過小心翼翼所造成的人際關係不順利，最常見的原因就是——「小心」的地方並不是對方所要的。

例如，對方可能希望獨處，卻一直受到過度關心，反而造成困擾，這種狀況並不少見。這也可說是「自以為是、擅加論斷」所造成的問題。如果總是以「我覺得這樣做對方會開心」的「論斷」當成行事標準，就不會注意到「對方實際上需要你做什麼」。

例 因為突然下雨，借給朋友一把簡便傘，結果對方第二天竟然還了一把昂貴的進口傘表達感謝，讓人覺得負擔好大……

有些人就像這個例子所說，每次受別人幫助，就會過度感謝或過度道歉。對伸出援手的人來說，這樣的反應會讓他們覺得：「我不認為自己有做到那種程度……」或「這明明只是舉手之勞……」因而感到困擾或不自在。

像這種「過度感謝」或「過度道歉」的人，自我肯定感往往都是低落的。他們在心裡強烈地認為，「竟然有人會幫助自己這種人」、或是「自己根本不值得別人幫助」。

人類都是互助合作的，有時是接受幫忙、有時是伸出援手。如果有人幫助了自己，只要向對方傳達溫暖的感謝、領略他們的心意，等到有其他的機會，再同樣去幫助對方或他人就好。

過度的感謝或道歉，只是在告訴別人「我的自我肯定感低落」，不僅完全無法向對方傳達心意，從頭到尾都不過是在顯現「自己的自我肯定感有多低」。

POINT

自我貶低、過度反應，會造成對方的負擔。

自我肯定感低落實例❻

難容異見，常被他人的言行激怒

一個人攻擊他人的背後，其實也隱藏著自我肯定感低落的因素。

歸根究柢，人為什麼會去攻擊他人呢？

攻擊，是動物感受到威脅時的反應模式。

包括人類在內，每當動物感受到威脅時，就會引發「戰鬥或逃跑反應」（fight or flight response），如果能逃跑就逃跑，逃不了就戰鬥。而後者即會引發「攻擊」。

一般來說，逃跑比較輕鬆，也更為合理。即使是熊這樣的猛獸，只要未與人類狹路相逢，也寧可事先遠遠避開（「驅熊鈴」就是為了讓熊提前發現人類這個威脅而發明的）。

但就人類來說，一般都認為身而為人必須在意社會的眼光，因此不能一直逃避。

既然無法逃避，那就只能攻擊了，所以我們身邊才會頻繁地出現各種攻擊或反擊的行為。

這裡要請大家重新理解的是——「攻擊是受到威脅時的反應」。

當人感覺到自己「被攻擊了」或「看似要被攻擊了」，這種危機感就會使其加以反制、展開攻擊。

然而，每個人會感受到威脅的事物各有不同，特別是在人際關係的脈絡中，一個人所感受到的威脅，都反映出了自己的人生。

例｜有人與我意見相左時，朋友卻說「其實對方的話也有道理」，真的很讓人生氣。

通常，若是在自我言行都被否定的逆境中成長，這樣的人最難接受多元互異的意見。每個人原本就被允許持有各種觀點，但這種人一旦遇到想法不同的人，就很容易覺得「自己被否定了」。

這樣的反應很正常，畢竟在一切想法都被否定的狀態下長大，就等於每天在被告知——「你說的都是錯的」。在這裡，只有一個「絕對正確」的答案，除此之外都是錯的（但實際狀況明明是，有各種意見羅列並陳才是「正確」的）。

所以，當他們長大後，要是發現有人與自己意見相左，就會有被否定的感覺。對他們而言，如果不攻擊對方、宣示「他錯了！」，就等於承認錯的是自己。也因此，在前面的例子裡，當朋友表示能理解與他意見對立的人，他才會覺得自己被「背叛」了。

對於一路被否定著長大的人來說，「別人單純的某項意見」就等於是威脅。他們的自我肯定感可以說是十分低落。

自我肯定感夠高的人，能認知到「這只是自己的意見，別人要怎麼想是別人的事」；遇到心胸狹窄的人也能明白，「這個人無法理解有些人真的活得很辛苦，才會說出這種話，這也是其來有自」。

如果總是在意別人如何看待自己的想法，就是自我肯定感相當低落的證據。

當一個人總是攻擊與自己意見不同的人，也就代表他「必須不斷證明自己是對的」，只要有人稍稍提出反駁，他就會覺得被羞辱。

但是，每個人都有自己的背景與際遇，也都有反映出這些經驗、屬於他自己的「正確答案」。同樣一件事，在某個人看來是「不對的」，但就另一個人的考量而言，卻可能是「對的」。

例——聽說朋友五年來都不曾回老家去探望父母，就忍不住指責對方真是「不孝」。

通常，大多數的人都認為「應該孝順父母」，但如果是從小被父母嚴重虐待的人，強迫他們接受這種想法，就是非常殘忍的事。

但是，如果「必須不斷證明自己是對的」，這樣的人就無法以此角度思考。

就算只是稍微接受與自己不同的想法，他們也會因為「自己被否定了」的不安情緒，而被擊潰。

這種人乍看之下很強勢，其實很容易受挫。如果他們認定的「正確答案」沒有實現，就很容易感到焦躁，甚至會因為無法接受而極端憤怒，落得身心俱疲。

更不用說，這對人際關係的品質將有惡劣的影響。

就像前述的例子，朋友可能有許多苦衷，所以沒回去探望父母，他卻逕自認定對方就是「不孝」，這樣很有可能會傷害或激怒對方。至少對對方而言，他就不是一個「可以無話不談的親密朋友」。

人際關係的品質與心理疾病有非常密切的關連，「必須不斷證明自己是對的」，這樣的人在健康方面通常也有極大的隱憂。

大家看到這裡應該已經明白，自我肯定感是讓人活得更自在，同時與他人保持良好關係的生存必備營養素。如果自我肯定感低落，就會引發各種「讓人生變得艱難」的問題；而程度要是越演越烈，就會形成心理疾病。

應該有不少人早已有自我肯定感低落的自覺，或讀到這裡之後，發現這些狀況「自己都有」，接著就被這個問題卡住了——

「那要怎麼做，才能提升自我肯定感？」

閱讀各種書籍，會看到許多內容都提及，自我肯定感的基礎建立在幼年期，或是童年時若遭霸凌，會徹底毀掉自我肯定感等……這些論述當然都所言不假。

然而，如今拿起這本書的你，早已錯過了那個重要的時期，所以需要其他的方法。

大家不用擔心，即使無法回到幼年時期重新來過，你也能從現在開始，提升自我肯定感。

接下來，我們就來看看有哪些具體的做法吧！

POINT

必須證明自己是對的，會造就「正義魔人」。

Lesson 2

自我肯定，從「尊重他人」做起

——用無條件的尊重，理解身而為人的本質

每個人都有與生俱來的條件和不同的經驗遭遇，
都在各自背負的狀況與煩惱中，竭盡所能地活著。
不設下「因為〇〇」的評價，只是無條件地接受原本的對方，
不去論斷別人「應該如何」，只是坦然接受「這是各種原因造就的現況」，
只要這麼想，我們對任何人都能夠抱持體諒、並且給予尊重。

無條件的尊重並不是以個人言行為憑，而是從根本去理解人類這個存在——
認知到人類原本就是會努力往前走的生命，
感動於人類無論失敗多少次卻仍想去愛人的堅持，
去體會人類在惡劣條件下笨拙掙扎的能量。

「有條件」的尊重——因為〇〇所以尊敬

在 Lesson 1 的探討中可以發現，自我肯定感低落將會造成各種問題，讓我們遠離幸福的人生。

那麼，要如何才能提升自我肯定感呢？

關鍵就在於「前言」中曾經提過的——「尊重他人」。

能夠尊重他人，就能夠尊重自己，也就提升了自我肯定感。

雖然這是本書所要傳達的主旨，但如果無法真正理解「尊重」的意義，可能就會導致完全相反的理解，因此接下來的說明非常重要。

尊重的英文是respect，但如果翻開字典查詢，respect最先出現的日文翻譯會是「尊敬」。雖然本書要探討的是「尊重」，但在此之前，我們也可以先思考一下「尊敬」的意義。

「尊敬」在辭典中的釋義是「尊崇他人的人格與行為」，亦即對他人的人格、行止或功績等抱持「讚佩」、「優秀」的評價，進而產生尊崇的感覺。這種類型的「尊敬」，在社會上處處可見。

例｜能夠運用嶄新企劃力及超強交涉力創造暢銷商品的上司，著實令人十分尊敬。

對擁有優秀人格及傑出成績的人抱持尊敬，雖然不太可能，但希望自己也能變成那樣——這是一般人經常會有的想法。

雖然同樣都是respect，但這與本書所討論的respect，含意卻恰好相反。

因為優秀所以尊敬——抱持這種想法的人，如果遇到以他們的角度來看並不優秀、或是在社會上未取得「優秀」評價的人，就很難對其表達尊敬。

就算勉強找出對方的優點，說服自己去「尊敬」對方，也只會顯得虛偽、而且不誠實。

必須滿足「優秀」這個條件，才能對其「尊敬」的狀況，本書稱為「有條件的尊重」。

POINT

滿足某種條件才對其尊敬，會形成差別待遇。

「無條件」的尊重——接受原本的對方

然而，有一種「尊重」並不需要「因為〇〇所以尊敬」的條件，而只是因為對方存在，就無條件地接受。那是什麼樣的情況呢？

我們活在這世上，都背負著各自的狀況與煩惱。

每個人天生的性格、體質及能力都不同，成長的環境不同，身邊出現的人物不同，所遭遇的經歷也不同。

在各自的處境中，每個人都竭盡所能地努力活著。

當然，也有人看起來不像「竭盡所能地在努力」。

例 上司什麼努力都沒付出，就只會拚命挑毛病，真讓人瞧不起。

在現實狀況中，像這樣的上司就很難讓人「尊敬」吧？

但是，那個人之所以（看起來）不努力，或許是天生就有注意力散漫的問題，也可能是曾經遭受虐待或霸凌，而導致他有注意力缺失的障礙（注意力缺失是心靈受創及憂鬱症的症狀之一）。

也或許是，他過去曾經付出努力，卻完全沒有獲得回報，而使內心受了傷，至今仍未痊癒。**沒有人會毫無理由地（看起來）不努力，如果願意聽他傾訴，一定有他無法努力的原因。**

同樣地，「明明不努力卻總是挑毛病」，這件事自然也有箇中原由。當一個人的自我肯定感過於低落時，如果不拚命虛張聲勢、正當化自己，他所維持的社會化形象可能就會崩潰。他會認為自己一旦示弱，就將被人踩在腳下。

天生性格及過往經歷造成的影響，形塑成了現在的他。

一旦知道了這些原由，我們說不定就會覺得：「明明碰到了這麼多困難，他還是用自己的方式，跌跌撞撞努力活到了現在。」進而去體諒對方。

這就是「無條件的尊重」。

對於「即使並不特別優秀，卻還是努力活著」這件事懷抱敬意。就算還不到懷抱敬意的程度，也不再認為「不努力的人沒有存在的價值」，而能尊重對方是「無可取代的存在」；在看到對方即使傷痕累累、笨拙踉蹌，卻依然努力活著時，能為他感到一絲心疼。

就是這樣的感覺。

話雖如此，我們還是不可能明白身邊所有人的隱情與苦衷，畢竟很多狀況只有當事人才清楚。然而，我們卻可以對每個人抱持這樣的寬容——

「他之所以會如此，應該有其背後的原因」。

無條件的尊重，就是不設下「因為〇〇」或「只有〇〇的人」之類的條件，只是接受對方「原本的存在」。

不去批判別人「很奇怪」或「應該這樣做才對」，也不試著去改變對方，只是坦然接受「這應該是各種原因與背景造就的現況」。

「我又不是上帝，怎麼可能做得到？」

「為什麼我必須這麼做？」

或許有人會這麼想，但如果以為這是要我們用高道德標準來苛求自己「不管對方是誰，都必須接受」，又會讓人變得很痛苦。

但是，希望大家想起本書的目的，那就是——提升自我肯定感。

請記得「無條件的尊重」，是提升自我肯定感的關鍵。

那個人會處於這樣的現狀，背後可能有各種理由與原因。

只要這麼想，我們對任何人都可以抱持寬容、並且給予尊重。

尊重對方是「無可取代的存在」，這與社會地位或事業成就無關，因為每個人都在各自的境遇中認真、努力地活著，所以每條生命、每個存在都是珍貴的。

當然，這也包括我們自己。

POINT

對「即使不優秀，但還是努力活著」懷抱敬意。

放下「評價」，會看見另一個世界

當然，這並非表示「因為那個人〇〇，所以值得尊敬」的想法是不對的。只是，就像我們之前提過的，這歸根究柢說起來，仍然是「有條件的尊重」。

例 無論是誰都有優點，要盡力找出對方好的地方，喜歡每一個人。

相信許多人從小就被教導「要去找出每個人的優點」，但是，很多時候不管怎麼找，往往就是遍尋不著所謂的「優點」。

基本上，如果要尋找對方的「優點」，就必須去「評價這個人」。

「這個人很優秀。」這句話本身就已經是一種評價。

基於自己所做的評價（或同意社會給予的評價），而抱持尊敬的想法，這就是「有條件的尊重」。

也就是說，「條件」等同於「評價」。

因為有了評價，所以做不到尊重。

另一方面，無條件的尊重則不存在「評價」。

無論有著什麼樣的經歷與背景，這個人誕生在世上，竭盡自己的努力活了下來，這項事實就已值得讓人抱持尊重與敬意。

當然，或許對方的生存之道就自己看來，並不十分理想，但如果刻意去「評價」別人的生存之道，很可能就「無法尊敬對方」。

請大家暫時先放下「評價」，試著從各種角度去思考，或許就不難發現，「如果自己處在相同的條件下，很可能也會變成那樣」。

當一個人無辜地被某些條件（與生俱來的特質、成長環境和遭遇經歷等）限制了生存方式，就注定會過得很吃力。

那些說自己「活得很辛苦」的人，大都是被這些條件所束縛。

相反地，有許多受人尊敬者，往往都擁有先天的優勢、身邊的支持者或豐富的體驗，並因此受惠。

例「我的出身不好，一直都在逆境中奮鬥，不管有什麼原因，我就是無法尊重不能努力的人。」

一個能在「逆境中奮鬥」的人，除了具備才能之外，應該還擁有「苦幹的毅力」及「樂觀的天性」，或許還遇見了許多貴人。

如果擁有同樣的條件與境遇，大部分的人或許都會成為「能夠努力的人」。

人們經常像這樣，因為自己所無法左右的外在事物，而導致生

存方式受到諸多限制。

如果無視於此，只專注在「是否有能力〇〇」之上，就會將對方視為是怠惰偷懶、或一事無成。

POINT

人無法隨心所欲，都被「條件」所束縛。

「做不到」的背後，可能有各種原因

身為精神科醫師，我有很多機會接觸到在社會上被視為「一無是處的人」。

但是，在這其中，我從未看過任何一個人滿足於這樣的現狀。他們都對自己「沒辦法活得更好、更振作」而感到羞愧。

人，**就是這樣拚了命地想活下去。**

例　男友毫無上進心，總是想著逃避工作，在家也很懶散。就算叨唸他，他也毫不在乎地說「我這樣就好」，實在很難讓人尊重。

像這位男友一樣，總是在嘴邊掛著「我這樣就好」的人，其實並不少。

他們很可能是自我肯定感太過低落，已經無法想像自己可以過得比現在更好，也不覺得自己夠資格享有更優質的人生。

也或許，他們更害怕抱持著希望，卻又再次絕望。

總之，背後都有著各種各樣的理由與原因。

以殘障奧運為例，那些與賽選手都背負著從事運動時最重大的肢體障礙，卻仍然竭盡全力地付出、表現，因而感動了所有親眼目睹的人們。

如果只看成績，他們的分數和紀錄比起四肢健全的選手所參加的一般奧運，只能說是「非常糟糕」。但沒有人會做出這樣的「評價」，反而是更尊敬他們「在逆境中認真拚鬥」的精神。

殘障奧運選手的身體障礙，讓我們直接看見了「各種各樣的原因」。然而，當內心生病、出現問題時，旁人卻很難看到這些「原因」，所以很容易被誤解為「偷懶、怠惰」。

當然，其中有些確實是真正的「惡人」。他們會欺騙、利用別人的好意，以獲取自身的利益。

但他們之所以會變成這樣的人，也有他們背後的原因。

或許，他們從小就在弱肉強食的環境中生長，而認為「人就是會互相背叛，人不為己天誅地滅」；也或許是，自身的際遇讓他們深刻體會到，「誠實正直只會吃虧」……

當然，也有少數人是天生就缺乏同理心，無法感受到別人的痛苦。但即便如此，環境對他們而言，也並非完全沒有影響。

因此，那些被認為「冷血、殘酷的人」，除了先天的因素，還要加上後天的作用。

身而為人，他們卻不被允許活在「能夠理解人與人深刻連結的溫暖世界」裡，其實是很可憐的事。

說不定只要有一些條件略微不同，他們也能展開不同的人生。

POINT

人類是「進取向上」的生物，都希望過得更好。

意識到「原因」，就能接受「現實」

世界上有各種各樣的人，只要願意用心傾聽，就能明白每個人背後所隱含的理由與原因。只要理解那些「原因」，就能接納真正的現實，同時接受「原本的對方」。

然而，我們基本上很少有機會，去「用心傾聽」別人所背負的原因。大多數時候，我們都沒辦法知曉其他人的狀況。

即便如此，對方會出現那樣的言行，一定還是有他自己的原因。

所以，就算不知道背後的理由、隱情或苦衷，最合理的作法還是就直接認為——「應該是有什麼原因」。

只要能想著「應該是有什麼原因」，就不會產生「這個人不應該這樣」的想法，也更能接受「原本的對方」。

而接受「原本的對方」，並不代表「肯定所有的行為」。用暴力傷害他人，無論如何都是不能被接受的。「無法容忍暴力」與「知道此人背負的原因後，就能理解他為何會變成如此」，這兩件事並不衝突。

接受「原本的對方」，就是不去否認現實，並且有所認知：「現實會演變至此都是事出有因，除了接受別無他法。」

前面也提過，「尊敬某個人」的想法主要是來自覺得對方「〇〇很優秀」的「評價」。

但是，尊重一個「即使背負各種各樣的問題，也仍然努力活著的人」，就完全不需要評價與條件。

只要會去評價他人「○○很優秀」，就沒辦法給予所有人相同的尊重；但若能放下評價，用心去理解事情背後蘊含的原因，或許就能尊重這些在眾多制約中仍竭盡全力活下去的人們了。

那是一種「憐惜」，也是一種從他們身上感受到「堅強」、「誠實」，還有「一直這麼努力活著」的感動。

對於那些刻意使用暴力傷害他人的人，我們或許很難產生「他們只能這樣對待別人，真可憐」的情緒。然而，我從未見過一個使用暴力的人擁有高度的自我肯定感，即使不清楚詳細始末，也能得知這些人以往必定過著自我肯定感極為低落的日子。當他們對別人暴力相向，很多時候內心都在發出求救的悲鳴。

他們明明是在求救，卻因為不知道求救的方法或太過笨拙，最後只能選擇使用暴力。他們明明需要幫助，卻自己親手毀掉了得救的機會。見到他們如此痛苦，或許就能給予他們一些「憐惜」了。

由此可知，無條件的尊重並不是以個人的言行為憑，而是要從根本去理解人類這個存在——

認知到人類不斷前進的生命力，感動於人類無論失敗多少次卻仍想去愛人的堅持，去體會人類在惡劣條件下笨拙掙扎的能量。

POINT

現實演變至此都是事出有因，除了接受別無他法。

一旦受到尊重，所有人都會改變

說到這裡，大家應該約略可以了解什麼是「無條件的尊重」了。接著，我們就來探討一下，當人們受到「無條件的尊重」時，會有什麼樣的感覺。

那是一種「原本的自己」被完全接納的體驗，可以暢所欲言，沒有多餘的批判，只有認真的傾聽。

即使其他人對自己表現出懷疑或不信任，這裡依然只有平靜的傾聽，以及無聲且溫暖的慰勉。

這裡只有「安全」與「溫暖」。

我們經常聽到別人說，「什麼事都能告訴那個人」、「和那個人說話很讓人安心」，或是「那個人很擅長傾聽」，都表示對方天生自然而然就懂得尊重他人。

當然，即使從別人那裡獲得了尊重，有些人還是會因為各自的背景與原因，很難從中感受到「安全」與「溫暖」。例如從小就遭受嚴重虐待的人，就沒辦法輕易地相信別人。

「就算現在看起來很親切，誰知道以後會不會被他背叛。」

「這個人看似很認真傾聽、也很理解的樣子，但心裡一定在嘲笑我。」

他們總是忍不住以警戒、不安的角度去看待其他人。

但是，這並不表示對他們展現尊重就毫無意義了。

相反地，尊重對他們來說更為重要，因為在他們過去的人生中，沒有人對他們展現過任何一點尊重。

即使是這樣的人，在持續接收到別人的尊重之後，總有一天也會習慣這種新的文化。

這是身為精神科醫師的我，敢斬釘截鐵保證的事。

越是看起來不需要尊重的人，越需要別人對他們的尊重。

POINT

越是緊閉心房的人，越需要別人的接納。

明明有很多朋友，為什麼還是寂寞？

例 我的朋友很少，總是覺得寂寞。

「那個人朋友很多，真令人羨慕。」

我們經常因為「朋友的數量」稀少，就覺得自己應該很寂寞，果真如此嗎？事實上，這也是跟尊重有關的問題。

基本上，「朋友的數量」並不是人們感到「寂寞」的根本原因。「即使擁有許多朋友、甚至很受歡迎，內心卻滿溢寂寞的孤獨感」，這樣的人其實所在多有。

明明有很多朋友，為什麼還會寂寞？

如果只是想增加朋友的數量，就必須「偽裝自己」，如此一來，不管增加幾個朋友，都無法向對方展現「真正的自己」以及「真實的心意」。

許多人害怕說出真心話會被討厭，於是就隱藏或偽裝自己的想法與感受，在別人面前演出「討人喜歡的自己」。

只要和別人產生連結的並不是「真正的自己」，而是「偽裝的自己」，自然會感到寂寞。

因為「真正的自己」被否定了，被隔離在一個無法與任何人產生連結的地方。

在社群網站及軟體（如推特、臉書等）盛行的這個時代，有許多人將自己擁有多少追蹤者或被按了多少讚，看得十分重要。見到別人擁有廣大追蹤者或得到許多讚，就羨慕對方「享有超高人氣」、「受到眾人關注」；而自己的關注者寥寥無幾，就覺得被否定了、認為自己身而為人毫無價值。

如果不想有這種感覺，應該怎麼辦？

即使在這樣的時候，還是要試著別去關注自己，把重心放在他人身上。

感到寂寞時，首先試著去「尊重身邊的人」。

因為只要尊重對方，就會盡可能想保持坦誠，也會明白「偽裝自己」而受眾人歡迎，其實是一種欺騙，更是完全與尊重對方的態度背道而馳。

此外，擅自揣測別人的想法，「裝成對方可能喜歡的樣子去討好他」，這種行為也稱不上是尊重。

覺得自己「朋友很少」，等於只將朋友視為一個「數據」。原本只要有人能理解自己，即便僅有一個人，也應該是很棒的事。

然而，一旦陷入「數量」的競爭，朋友就變成襯托自己的工具，只是被利用來展現自己人氣的「人頭」，這也是缺乏尊重的態度。

自我肯定感低落的人，通常都無法尊重別人；而無法尊重別人的人，通常自我肯定感也都十分低落。

無法尊重別人的人，不論在社群網站上有多少朋友，到最後都無法肯定自己，也一定會感到寂寞。

就算是在現實世界，用別人喜歡的樣子去交朋友，也是一種「偽裝」，最後的結果還是如出一轍。

偽裝成別人喜歡的樣子，乍看像是十分尊重對方，其實正好相反。如果真的尊重對方，就應該以誠相待。

偽裝自己，認為「這樣才會被對方喜歡」，並不具備任何誠意。

因為這等於一開始就否定了對方「接受別人原本面貌的能力」，也看輕了對方「包容別人的能力」。

不避諱說出自己的缺點，才是真正誠實的表現。

當然，在坦誠以對的過程中，我們也可能遇見一些人，會因為自己過去的遭遇，而對我們加以攻擊、或做些多餘的干涉。

在這個時候，我們更不應該「偽裝」自己，而是必須保持距離，才不會損及自我肯定感。這個部分後續會再做討論。

POINT

謊話越多越寂寞，以誠相待才是尊重。

拋開「論斷」，讓彼此重獲自由

例 但我還是無法尊重行事散漫半吊子的人。

尊重就是接納「原本的樣子」。

前面也曾提過，凡事都用主觀加以「論斷」（或「評價」），與「尊重」是完全背道而馳的行為。

「那個人真是散漫」、「那個人實在懶惰」……像這樣去論斷別人，只會離真正的尊重越來越遠。

如果能夠拋開「討厭的人」、「○○的人」這樣的「論斷」，重新檢視對方，很多時候都能看見對方「努力活著的模樣」。

例如，我們有時會疑惑「那個人為什麼會這樣」，或是「怎麼連如此簡單的事都做不到」，這時不要直接「論斷」對方是「不用心」或「缺乏抗壓力」，而要仔細傾聽他的心聲，或許就會知道，他已經竭盡所能地付出努力了。

這個方法在人際關係療法中展現了顯著效果。在我進行治療時，第一個課題就是——「釐清這是否為疾病造成的症狀」。

當人們一直無法完成某件事，要先去釐清這是否由疾病導致。如果是因為生病了，那麼患者本人也無法控制。

這時，我會安靜地傾聽這些人對於自己現在如此無能為力，有什麼樣的感受。

即使是生病造成的，大多數的人仍然會認為這是「自己的錯」，而不斷地責備自己。

如果此刻家人在場，過去一直無法理解患者「為什麼連這種事都做不到」的他們，就會看到眼前的親人是如何一邊自責、一邊與疾病的症狀苦苦纏鬥，拚了命努力想活下去。

接著，有些家人就會開始為自己過去的態度道歉，這樣的場景每每讓我為之動容，感受到連結所帶來的深刻力量。

當然，這並不代表一切問題就此迎刃而解。但是，只要有過一次這樣的體驗，往後雙方就更容易包容彼此之間產生的細微問題；一旦有狀況發生，也比較能從「對方之所以言行不當，背後其實有其原因」的角度去思考、理解。

這並不僅止於治療的場合。在其他的人際關係中，只要我們願意放下「論斷」，就能看見別人「努力活下去」的身影。

孩子就是典型的例子。

當孩子說謊的時候，不要單方面斷定「說謊的孩子最糟糕」，而是要仔細聽他說明原因。

這時我們就會發現，孩子是因為失敗了卻不知道修復的方法，即使害怕得不得了，還是努力試著用自己唯一知道的「方法」——也就是說謊，來做補救。

之前也提過，人類本來就是會進取往前走的生命，每個人都在自己所背負的狀況裡努力活著。

即使因為受傷被迫停在原地，「想繼續往前走」的心情卻未曾消失，所以會不斷在困境中苦苦掙扎。

即使事情糟糕至極，甚至連「繼續往前走」的力量都無處可尋，但內心深處必定還抱著一絲希望。

看到這樣的身影，所有想責備他們「為什麼都不努力」的心情就會消散，反而對他們「在這麼痛苦的情況下仍然拚了命活著」感到心疼。這才是對對方真正的尊重。

當然，無論有什麼原因，還是有些「行為」及「態度」是不可被接受的。

面對這樣的「行為」，最好的方式就是適當地提出反對。

就算事出有因，也不代表要接受所有的後果。

只不過，在處理某種「行為」時，覺得這個人「令人厭惡」、「不敢置信」或「簡直不是人」，和想著這個人「會有如此異常的行為，背後一定有相當重大的原因」，這兩種截然不同的態度讓人感受到的壓力，一定會完全迥異。

無論理由多麼正當，只要內心懷著憤怒或厭惡的負面情緒，最終都會傷到自己。這等於是為自己的身心不斷注入毒素。

用「對方應該有隱情和原因」的角度去看待一切，也能替自己的身心排毒。

該處理的事盡快處理，迅速將毒素從自己的身體裡排除，就能感覺自己是受到珍視的，進而提升自我肯定感。

POINT

體諒「對方有其原因」，也能療癒自己。

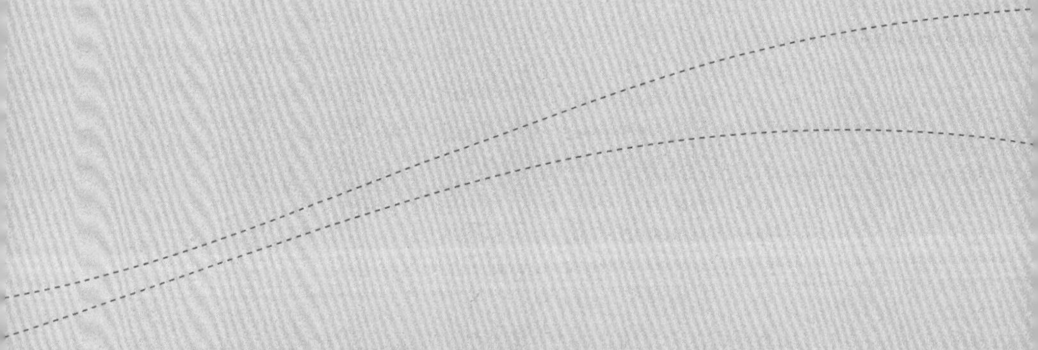

Lesson 3

「尊重他人」的五個原則

——守護彼此的領域，用心接納與傾聽

每個人所背負的條件、狀況及問題，
都是屬於自己的「領域」，也與自己的「內心」息息相關，
除了自己以外，沒有人真正清楚（有時就連本人也懵懂難辨），
更不是他人可以論斷之處。
讓彼此保有自己的「領域」，也就等於接受每個人「原本的自己」。

「評價」只是「此刻的自己」所做的，極為暫時且主觀的判斷。
面對同一件事，各人的評價可能完全不同；
就算是同一個人，隨著時期轉換，評價也會改變。
若未認知到這一點，很可能就會視其為唯一的真理，強迫別人接受；
或者缺乏包容心，而侵犯了「別人的領域」，失去尊重他人的能力。

尊重他人的原則❶

讓彼此保有自己的「領域」

Lesson 2 主要在探討「什麼是尊重他人」。即使是自己厭惡的對象，只要能用這種角度去思考——「算了，對方應該是有某些隱情或原因吧。」就能多少減輕一些壓力，讓心情恢復平穩、寧靜。

本書一直想告訴大家的是：只要能尊重他人，就能尊重自己（提升自我肯定感），如果已經有人多少感受到這種平靜，就代表狀態已經往好的方向發展了。這一章要探討的，是「尊重他人」的五個原則，相信會讓大家有更進一步的理解。

首先，第一個原則就是要讓彼此保有自己的「領域」。

就某種意義上來說，這可以說是尊重他人最根本的基礎。

之前曾一直提醒大家——

每個人都擁有各自與生俱來的條件，人生中也背負著不同的狀況及問題。這些都是屬於每個人的「領域」，也與這個人的「內心」息息相關，除了他自己以外，沒有人真正清楚（有時就連本人也懵懂難辨），更不是他人可以論斷之處。

例　我希望她變得幸福，所以只要聽她說出負面的話語，就會感到擔心，忍不住要她「更正面一點」。

這種態度乍看之下似乎「既親切又充滿包容」，然而，這個女孩之所以會說出負面的話語，背後一定有其不為人知的原因，那是屬於「她的領域」內的事。

當然，希望她幸福絕對不是「不好的事」。但是，去否認一個自我肯定感可能很低落的女孩，只會讓她的自我肯定感更加受損，使她離幸福越來越遠。

讓彼此保有「自己的領域」，也就等於尊重那個人「原本的自己」。

然而，很多人就像這個例子一樣，不願接納「對方的領域」，使其保有「原本的自己」，就擅自下了論斷、或是抱持論斷的態度。

例如，一個人失去了心愛的家人，卻有人對他說：「這件事讓我更能體會生命的可貴了。」對於深陷喪親之痛的人來說，這句話有多麼「傷人」、「刺耳」、「不得體」及「事不關己」，自是不言可喻。

一旦失去了重要的人，無論是誰，都必須經歷「悲傷的階段」，走完這些療傷的過程，自己和身邊的人們或許才有可能在某一天，達到「理解生命可貴」的心境。

然而，當一個人還沉浸在深切的悲傷中，對未來感到絕望、甚至被各種懊悔與愧疚的念頭折磨時，竟然有人對他說：「這讓我更能體會生命的可貴。」這幾乎可以說是騷擾與傷害了，因為他已自以為是地，向對方失去親人的這份深刻體驗下了論斷。

對於深陷在痛苦中而不願多說的人，最好的做法就是帶著理解，默默地守護在旁，接納「現在的對方」。

不是去論斷「生命的可貴」，而是去尊重對方的至親曾經活著的事實，還有如今已經不在的事實，這是非常重要的。抱著理解的心去參加葬禮，也可以說是尊重對方的表現。

POINT

妄自論斷，會侵犯「對方的領域」。

尊重他人的原則❷

以傾聽累積「理解」的時刻

尊重對方，首先要做的就是盡量去了解對方的一切。

而要使自己能夠理解「每個人都有各自的原因」、接受對方「原本的樣子」，傾聽是十分有效的方法。雖然最終的理想境界應該是，即使我們無從傾聽、理解對方，也都能給予無條件的尊重；但是先從傾聽做起，會讓我們更容易體會那樣的感覺。

例因為部屬無法遵守交件期限，我把他痛罵了一頓。之後仔細問過來龍去脈，才知道是客戶那邊出了狀況，責任並不在他。

「這個人很糟糕」的「論斷」，背後通常都有著「為什麼他會做出這種事」、或是「為什麼他連這種事都做不到」的疑惑，也就是不清楚對方之所以表現如此言行的箇中原由。

人們經常會對自己不清楚的事，輕易做出「否定」的論斷。但是只要認真傾聽，即使對方真的做錯了，也能理解他之所以如此舉措的原因，從而感到釋然。

如此一來，就沒有什麼言行是「糟糕」的，假使在與此人相同的條件下生長、背負著相同的狀況，或許誰都會做出相同的行為。這就是「理解」的時刻。

只要認真傾聽別人的想法，「理解」的時刻必定會降臨。

如果這一刻始終沒有出現，就表示傾聽得還不夠；只要再深入去探究自己尚未知曉的一切，終究會到達「理解」的瞬間。

無論是多麼「惡劣」的事，都只要給予「理解」就足夠了。比方說，家裡有重病的母親卻沒錢醫治，只好去偷竊，這就是需要「理解」的例子。

只要不斷體驗「理解」的過程，未來再遇到自己不了解的人，就能以「只要用心傾聽，一定能從中找到『理解』線索」的角度，去看待對方。比起主觀地「論斷」別人的言行「不適切」，這才是真正尊重的態度。

POINT

在隨意論斷之前，先認真傾聽對方。

尊重他人的原則❸

停止想要「改變他人」

看到別人的行為而覺得「不適切」，就代表著想要改變那個人，同時也認為「那個人的現狀若不是這樣就好了」。

然而，覺得「那個人的現狀若不是這樣就好了」，這種想法其實就是一種「論斷」，會妨礙我們對他人的尊重。

此外，當人受到否定時，就會進入自我防衛的狀態。本來因為「原本的自己」已被接納，而願意敞開心房的人，一旦開始自我防衛，「內心的防波堤」就會變得特別高聳，完全斬斷與他人的連結。

如果不論對方處於什麼狀態，都能夠給予尊重，就會持續讓對方感受到「安全」及「溫暖」。在大多數的情況下，對方終究會在某一天卸下心防（這就是我們精神科醫師所做的工作）。但若只是想著要改變對方，對方的心房就會更加緊閉。

因為，人不是想要改變就能改變的。

當然，人會改變，但這是因為他自己已經做好準備，也到了應該改變的時機。

一個人不可能在別人希望他改變時，去進行改變。

相反地，他還會因為被他人逼迫所造成的壓力而心生抗拒，因此毀掉了好不容易才萌芽的「想要改變的意願」。

因此，如果希望一個人能改變，最好的方法並不是去「改變現在的他」，而是「接受原本的他」。這也就是「尊重他人」的態度。

當然，這裡所說的「人」，也包括我們自己。

我們可以改變自己，但同樣需要等待準備就緒的時機。

與其責備自己為什麼不能改變，更重要的是溫柔地接受「現在的自己」。唯一能打動所有人心房的一句話，那就是——

「你現在這樣就可以了」。

POINT

人的改變，需要等待時機。

尊重他人的原則❹

說話時，只傳達「我的心情」

尊重他人的關鍵，就是接受「原本的對方」。

然而，即使你確實這麼想，但有時候說話的方式，卻可能無法讓對方感受到「尊重」。總之，我們說話的方式，不只要接受「原本的對方」，更需要接受「原本的自己」。

那就是——只傳達「自己的領域」內的心情。

例「我和女友吵架後不想開口，她卻要求我「說出真心話」，我就老實說：「被妳這樣逼迫，我覺得很煩。」結果反而激怒她了。

這個情境中的男性，在回應女朋友「說出真心話」的要求時，表達的方式就像是在指責對方「說了過分的話」。

然而，當主詞是「你」時，傳達的就不是「自己的心情」。

當我們覺得自己被別人的話語傷害了，此時的「心情」通常應該是「我很沮喪」、或是「我對這麼糟糕的自己失去了信心」。

以此例來說，這個男朋友在被對方要求「說出真心話」時，真正的「心情」應該是「感覺受到逼迫」、「希望照著自己的步調，想說話時才說話」。

所以，如果他能坦誠地向對方說出自己的感覺，而不是用指責對方「很煩」的方式來表達，相信就不會激怒對方了。

尊重對方的說話方式，主詞通常是「我」。

不是去指責對方說話很傷人，而是要表達「自己的心情」，也就是：「聽到你這麼說，我覺得自己很糟糕，開始失去自信了」。

說出自己的心情，確實需要勇氣。

那種感覺就像是所有的偽裝都被剝除，直接顯露出脆弱的自己。也正因如此，人們才會用「因為你……」或「都是那個人的錯……」這些話，來掩飾自己已經受傷的心靈。

但是，當對方感覺被指責「都是你的錯」，就會開始自我防衛。除此之外，當自己的名字被搬上爭執的檯面，人們也會開始警戒。

如果說話的方式讓對方感覺受到了指責（也就是明確地在「論斷」對方），而使對方想要反駁：「我根本沒那個意思！」這時就變成是你傷害了對方。

這也等於是侵犯了「對方的領域」。

如此一來，你自然會遭逢對方的「反擊」，接著兩邊就會互相指責「誰叫你的口氣那麼差」、「是你先……」，陷入彼此攻訐的混戰。

為了避免這種情況，一定要用「我」做為主語，來表達心情。

如果告訴對方：「你這麼說，讓我開始失去自信了。」對方很可能就會給予善意的回應，像是「別這麼說，你真的很努力了」、「對不起，是我說得太過分了」。

總之，只要能用不侵犯對方領域、表示尊重的方式來說話，就能大大提高對方尊重自己的可能性。

POINT

用「我」做為主語，來表達自己的心情。

尊重他人的原則❺

不要被「自己的評價」所捆綁

人類這種生物，其實擁有許多自我防衛的機能。無論看見任何東西，人類首先就是用自己的角度去評價，這是確保安全的一種生存方式。當人在評價其他人事物時，就是在決定「要如何與此人、此事產生關連」。如果評價「這個人很奇怪」，就會與對方保持距離，就結果而言，也等於間接保護了自己。

但是，這項「評價」只是「此刻的自己」所做的，極為暫時且主觀的判斷。

面對同樣一件事，因人而異，可能會有完全不同的評價；就算是同一個人，隨著時期轉換，評價也可能有所改變。

一邊評價一邊活著，似乎是人類的天性，這件事本身並沒有錯。然而，如果沒有認知到這只是「現在的自己所做的評價」，很可能就會視其為唯一的真理，而強迫別人接受；或者缺乏包容心，而侵犯了「別人的領域」。

前面提過，一旦下了「論斷」，就會失去尊重他人的能力，而所謂的「論斷」就是——強迫他人接受「現在的自己所做的評價」。

之前也曾討論，有些人「必須不斷證明自己是對的」，這些無法從其他角度探討自己所做「論斷」的人，自我肯定感都很低落。

想提升自我肯定感，就不能堅持「只有自己的想法才是對的」，而是要習慣去思考「背後可能有各種原因」。

Lesson 3 主要是從「領域」這個觀點，來理解什麼是尊重。耐人尋味的是，如果能夠清楚劃分「自己的領域」與「對方的領域」，反而更容易感受到與對方的連結。

有些人誤以為把自己與他人劃分開來，很可能就會失去彼此之間的連結，事實卻正好相反，這部分會在 Lesson 5 詳細說明。

此外，清楚區分自己與他人，才等於尊重彼此都是「無可取代的存在」，也才是尊重的真諦。

POINT

自己的評價，只是一時的主觀判斷。

Lesson 4

如何學會「尊重自己」

——在善待他人的溫柔中，看見自己的努力

「想要喜歡自己」，這句話其實就是在說：「我討厭現在的自己。」
如果前提已經是「討厭自己」，不管再怎麼努力，也不可能有奇蹟似的改變。
因此，提升自我肯定感的先決要素，
就是無條件地接受「原本的自己」，並且覺得現在的自己也不錯。
既然是無條件地接受，「找出優點」也就沒有任何意義。

藉由尊重他人，我們能感受自己傳遞給對方的「安全」及「溫暖」，
這份寬厚也會反過來回饋到自己身上，
讓我們能從「遭遇了這麼多，卻還是很努力」的角度來看待自己，
進而對自己抱持尊重與疼惜。

沒有人會討厭善待他人的自己

Lesson 3 探討了「尊重他人的方法」，不知道大家是否覺得眼前已經開展了一個新世界呢？

接下來，我們要再次就本書的主題「自我肯定感」來思考。

如同 Lesson 1 所提到的，其實不少人都有自我肯定感的問題，有些人甚至經常在想，「要怎麼樣才能喜歡自己」；或許還有些人會創造出一個自己可能喜歡的形象，然後去扮演它。

但是，這麼做是無法提升自我肯定感的。

因為，他們並沒有接受「原本的自己」。

「想要喜歡自己」，這句話其實就是在說：「我討厭現在的自己。」既然都「討厭自己」了，當然就很難提升自我肯定感。

如果前提已經是「討厭自己」，不管再做多少努力，也不可能出現奇蹟似的改變。

因此，提升自我肯定感的先決要素，就是接受「原本的自己」。

例 我很討厭自己。其他人都稱讚我「個性率直」或「很懂得照顧別人」，但我並不這麼覺得，而且我還有很多其他的缺點……

許多人一直對自己抱持負面的想法，然後就停在原地無法前進。在這樣的情況下，提升自我肯定感的關鍵，就是我們之前一再提起的「尊重他人」。

因為，**比起改變對自己的看法，改變對他人的看法要更為容易。**

我想大家應該已經發現，當我們尊重他人的時候，會變得寬大、包容。即使對方有些地方讓人困惑，我們也能以「應該是有什麼原因」的角度去思考。沒有人會討厭那樣的自己，因為當我們能對他人展現寬容，就代表我們也能對自己展現寬容。

當眼光只放在「自己」身上時，人會不停地否定自己；但如果把視線轉到「別人」身上，學會去尊重對方，那份「尊重」**就會擴及到自己身上。**

怎麼說呢？那就像是一起分享了「尊重的空氣」。

當然，如果這份尊重是「有條件的」，就不可能會順利。

「A是〇〇大學畢業的，真的很厲害，我跟他比起來就……」

「B的身材好好，哪像我……」

像這樣跟自己的「條件」比較，只會降低自我肯定感。

但若是無條件的尊重，又會是什麼情況呢？

「即使遭遇了這麼多事，C還是非常努力；我也一樣遭遇了很多事，所以我也很努力了。」

就像這樣，我們也會給予自己相同的尊重。

也就是說，無條件的尊重，能讓我們感受到——「每個人都是努力的」。

這就是「無條件的尊重」耐人尋味的地方了。

我們所感受到的「努力」，其實也分為「有條件」及「無條件」。舉例來說，當我們覺得「那個人讓這次的企劃成功了」、或是「他的事業更上一層樓了」，這種時候除了是在認同對方的「努力」，其實也是在責備自己「不夠努力」。

然而，因為無條件的尊重而緩緩滲入身心、使我們感受到的「努力」，不但沒有任何比較在內，還能讓所有人——包括我們自己——都體會到「人類是很努力的生命」。

即使回到自己身上，「評價」與「尊重」也是不可能並存的。只要仍然會去評價自己「很糟糕」，就沒有能力尊重自己。而想要改變這樣的狀況，最有建設性、也最有助益的方法，就是「放下論斷，無條件地尊重他人」。

一旦把這件事變成習慣，就會對這個總是尊重他人的自己，一直抱持正面、良好的感覺，同時在往後的生命中不斷地享受「尊重的空氣」。這麼一來，就能慢慢提升自我肯定感了。

POINT

尊重他人，也就是尊重自己。

你怎麼對別人，別人也會怎麼對你

庭院裡長著雜草，整理時你需要將它拔除。同樣是拔草，你可以不停埋怨著：「什麼爛雜草，真礙事！」然後粗暴地拔掉它；你也可以換個方式跟雜草說：「對不起啊，你這麼努力地生長，我卻不得不把你拔掉。」再溫柔地除去雜草。

這兩種態度，哪一種會讓你「對自己的感覺」比較好呢？

我想，當然是後者吧！以第二種方式應對，會讓我們覺得自己是既溫柔又溫暖的人。

這時就不要潑冷水地說：「那不過是自我滿足吧？說這麼多還

不是要把雜草拔掉。」請把重點放在自我肯定感。既然都要拔掉雜草，如果能感受到自己的溫柔與溫暖，應該也會提升自我肯定感。

對於他人，也同樣可以採用這種思考方式。

當我們必須提醒別人某些事，可以很不耐煩地斥責對方：「真是的，你每次都這樣。」也可以平靜地叮嚀對方：「我覺得你已經很用心了，但這裡還是要留意喔，因為很容易出錯。」

比較這兩種方式，你「對自己的感覺」就會完全不一樣吧？

總是用前者的態度去指責別人，可以說既不尊重自己、也不尊重對方，而且自我肯定感絕對不高。相對於此，若以後者的方式回應，自然對自己、對他人都有足夠的尊重。

POINT

對待他人時，要能感受到自己的溫柔。

「尋找優點」，並沒有任何意義

從之前的例子就可以理解，「尊重自己」其實就是要讓自己體會到溫柔又溫暖的感覺。

仔細想想，也的確是如此，既然尊重對方時所傳達出來的是「安全」及「溫暖」，尊重自己的時候，自然也要傳達相同的感受。

例｜我很沮喪的時候，打了電話給媽媽，在聽完媽媽訴說煩惱並安慰她之後，我自己反而開朗起來了。

如同這個例子，當我們尊重對方的時候，自己也會呼吸到同樣的「空氣」。就像我們散發出有害的毒氣，自己也會跟著吸收；只要能醞釀出美好的氛圍，自己也能享受到「好空氣」的恩惠。

事實上，提升自我肯定感的方法就在於此。因為自我肯定感絕對無法仰賴「尋找自己喜歡的部分」或「列出條件」來提升。

所謂的自我肯定感，就是無條件地接受「自己」這個存在，並且覺得這個自己還不錯。既然是無條件地接受，「列出條件」也就沒有任何意義。

擁有高度自我肯定感的人，大多是從小自我的存在就受重視、感受也獲得肯定，同時還被允許嘗試錯誤，也總是在溫暖的提醒、叮嚀中成長。

尊重自己，其實最終也是如此。藉由尊重他人，讓自己也能感受到「安全」及「溫暖」；同時能從「遭遇了這麼多事，卻還是很努力」這個角度，來看待自己。

Lesson 3 詳細探討過如何尊重他人，即使將其中的「他人」全都換成自己，也沒有任何違和之處。我們自己也同樣在與生俱來的條件、成長環境，以及至今的經歷遭遇等各種制約中活著。

即使有人覺得「自己並未特別努力」，也應該是有什麼理由，讓他產生了這種感覺。而那個「理由」，主要就是自我肯定感低落。

明明那麼努力，卻覺得自己根本沒有努力；不然就是深陷在「充滿條件」的世界裡，覺得若缺乏「優秀的條件」，就無法認同自己很努力。

POINT

對別人溫柔，自己也會得到力量。

糟糕的自己，往往背負著受傷的事實

自我肯定感低落的人經常覺得「自己很糟糕」，這其中必定蘊含了很多原因，才會造成這樣的結果。

例｜從小我就一直被父母否定，而他們的理由都是：「我是為你好才這樣說……」

從小就不斷被拿來跟別人比較，所做的一切努力都被貶低，無論做什麼都遭到否定——自我肯定感低落的人，身邊大多有這種批判他們的人。

或者，即使成長環境沒有太大問題，但他們卻曾有過嚴重喪失自信的經歷。雖然之前已經多少擁有了一些自我肯定感，卻因為這個轉折，突然就開始覺得「自己很糟糕」。

例　自從被最愛的男友甩了，我就喪失了一切動力。像我這麼糟糕的女人，根本不會有人喜歡我。

首先希望大家了解的是——

不管你現在認為「自己有多麼糟糕」，也不代表「你真的那麼糟糕」，只是因為「發生了一些事情，而讓你開始有這種想法」。

無論是被人批判、或是遭遇了某種使自己頓失信心的衝擊，都會讓人非常受傷。這個時候，本來應該是要安慰自己「受傷了，真讓人心疼」，結果非但沒有得到慰藉，反而還被自己責備「很糟糕」，這樣活著實在是太艱辛了。

對於這樣的自己，除了要承認「你已經很努力了」，更要從現在開始憐惜自己，告訴自己「你受了這麼多的傷，真是辛苦了」。

我們不能改變過去，也無法消除受傷的事實。

正因如此，更不要去否定自己、指責自己「很糟糕」，而要試著告訴自己，「你受了這麼多的傷，真是辛苦了」。

這才是真正接受「原本的自己」。

POINT

別再說「自己很糟糕」，而要說「你辛苦了」。

當自我肯定感提升，「應該」會變成「想要」

例「我經常在面試時被問及「最想做的事是什麼」，但我根本毫無頭緒，所以每次都只好隨便回答，之後就陷入自我厭惡。

自我肯定感一旦低落，就無法對自己的心情加以認同。因此，就算心裡「想要做什麼」，也會自我否定地說：「這種想法太奇怪了。」或是「你怎麼可能做得到。」

像這樣不斷自我否定後，「想要做什麼」的心情會逐漸消滅，最後就完全迷失，不知道自己真正的意願與方向了。

自我肯定感低落的人，通常都是以什麼基準來行動呢？

——不是「想要」，而是「應該」。

他們會看別人的臉色，想著「應該這麼做，那個人才會高興」，或是「想要被人接納，應該那樣行動才對」。

這其中的考量完全沒有「想要」的自主性意念，只有窺探他人的臉色，以及跟著「世間」、「常識」而走的隨波逐流。

然後，他們就被這些「應該」捆綁住，進而陷入痛苦。因為「原本的自己」在這樣的情境下完全被否定，也被「應該」抹除了。

如果自己一直活在「應該」之中，就會要求別人也「應該」要怎麼做，內心會被「那個人不應該這樣」的情緒給淹沒。

這並不是尊重他人的態度，只會在各方面形成人際關係中的壓力來源。仔細觀察那些因為對他人要求過多而引發爭執的人，可以發現他們大多都是自我肯定感低落。

只要自我肯定感提升了，就會珍惜自己「想要做什麼」的心情。只要「自己想做的事」成為生命的重心，就能夠斬斷與「應該」之間的關係，因為主角已經變成了自己。

自我肯定感若能提升到一定程度，就可以堂堂正正地宣示「我想這麼做」；比起沒有自己的「應該」，更能以自己「想要」做的事為思考重心。以「自己想做的事」為基準開始行動，就能獲得成就感，讓自我肯定感更加提升，最後進入良性循環。

當然，不是自己想做什麼事，都一定會獲得理想的結果，但由於我們是在自我肯定感的支持下「嘗試了想做的事」，多半都能獲得極為充實的成就感。

POINT

做自己「想做」的事，創造良性循環。

「正視缺陷」，發現自己擁有的力量

例 但我就是不喜歡自己。

一般在談到提升自我肯定感時，經常都會聽人提及「找到自己喜歡的部分」這個方法。

我不認為這會有太多效果，也從來不曾見過成功的例子（就算暫時看似有所成效，最後還是會回到原點）。

在這裡要特別向大家提出一個恰巧相反的建議，就是——「正視自己討厭的部分」。

前面就曾探討過，「找到自己喜歡的部分」，歸根究柢還是著眼於「自己所擁有的良好條件」，並沒有肯定自己全然的存在。

那麼，「正視自己討厭的部分」又如何呢？

這當然不是件愉快的事，甚至有許多人始終都刻意忽視它。但是，只要願意去正視這個部分，就能看見自己所擁有的力量。

每個人都擁有各自與生俱來的條件，經歷的遭遇也互有差異。「有條件的尊重」，其實就是在對這個自己根本無能為力的部分，去做「是否足夠優秀」的評價。

然而，**如果是「正視自己討厭的部分」，就會看到完全不同的另一個自己——「即使有那麼多缺陷，也還是努力活到現在」的自己。**

這些「缺陷」可能是先天的，也可能是成長過程中造成的身心障礙，甚或是一項突如其來的重大打擊，導致自己對人們產生戒心及不信任，或是促成了現在所罹患的疾病。

例 我是個「缺乏整理能力」的邋遢女。身邊的人都不知道我被診斷出 **ADHD**（注意力不足過動症），我真的很討厭這樣的自己。

羅患 ADHD 的人，他們在「整理」這個課題上所面臨的難度，與一般人完全不同。「正視自己討厭的部分」，就是去認同「自己在這樣的缺陷中，還是努力像其他人那樣活著。」

大多數的人其實都對本身的缺陷有所自覺，而且認為「如果不是這樣就好了」、「討厭這樣的自己」、「為什麼只有我是如此」，這樣的想法當然不可能提升自我肯定感。

這種感覺完全來自於「條件」的捆綁，**如果只考慮「條件」，就會無止境地看到不公平、不合理的狀況**。

無條件的尊重，則與「條件」完全無關，反而會讓人覺得，在惡劣的「條件」下活到現在的自己、努力掙扎的自己，是非常值得尊敬的。

越是覺得「自己活得很艱辛」的人，就越要去認同自己真的已經很努力。請帶著眼淚，去憐惜那樣的自己。

或許有人會以斥責式的激勵口吻說道：「不管是誰，生活中都有艱辛的地方啊！」然而，對於「不管是誰」這個說法的感受與定義，往往因人而異，去貶低努力活著的人，並沒有任何正面的效果。

重要的是，去尊重在這當中努力活著的自己及他人。

POINT

好好憐惜努力活到現在的自己。

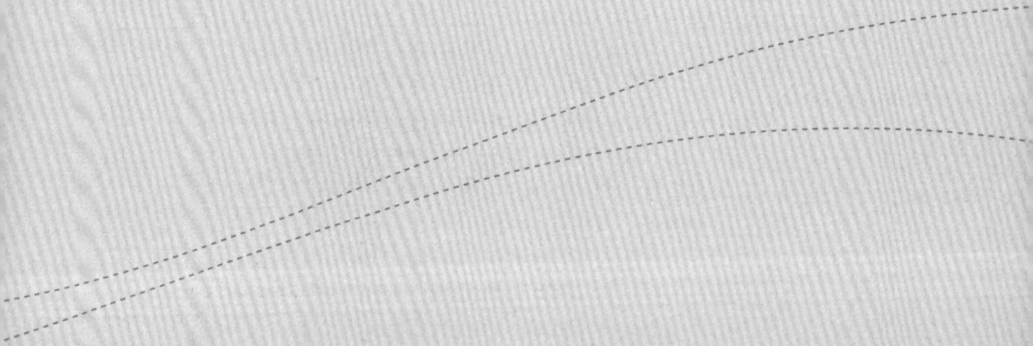

Lesson 5

建立「真正的連結」

——深化自我肯定感，擁有真誠自在的人際關係

想要提升自我肯定感，就必須在確保安全的環境裡，
拿出些許的勇氣，展現原本的自己，並在互相接納中感受到「連結」，
進一步獲得「重掌人際關係」的感覺。

「虛假的連結」是指「徒具形式的連結」，卻缺乏心靈的交流；
「真正的連結」則與形式無關，是能感受到「心靈相繫的連結」。
一旦被「形式上的連結」所捆綁，不是會束縛他人、就是會自我否定；
當我們能尊重每個人需要的過程與距離，
自由自在地一邊嘗試與犯錯、一邊努力生活，
也才能建立美好成熟的人際關係。

真正的連結VS.虛假的連結

看到這裡，大家應該可以理解「尊重他人」與「尊重自己」大致是什麼樣的感覺了。

接著本章要繼續探討能讓「尊重的感覺」更為深入的「連結」。

在人際關係療法中，「連結」也是提升自我肯定感的關鍵。

「連結」可以說是現今這個時代的關鍵詞。這其中自然也有社群網站、聊天軟體風行的原由在內，但是「連結」一詞頻繁地出現在大眾眼前，大約是自二〇一一年發生東日本（三一一）大地震開始；除此之外，還有過去不常使用的「羈絆」兩字，也是如此。

如此重視「連結」的態度，雖然確實激勵了震災後遭逢創傷的受災者，卻也在許多人心中留下各種感觸。

有一個患者曾對我說，「我和其他人沒有什麼連結，注定會孤獨終老，像我這種人是不是只能去死了？」

還有些人是這麼想的：「雖然我對受災者感同身受，但一直強調彼此的『連結』，就像是不得不產生什麼關連，讓人很不愉快。」

我非常珍惜「連結」的力量，所以在聽過這些感觸後，深深覺得如果不對「連結」做出確切的定義，這兩個字將可能造成正、反兩面的極端影響。

「連結」，其實有「真正的連結」與「虛假的連結」。

「虛假的連結」是指「徒具形式」，卻缺乏「心靈交流」的連結；「真正的連結」則與「形式」無關，是能夠讓人感受到「心靈相繫」的連結。

現代人常說「合群」，但如果只因為害怕被討厭、必須拚命討好才能維繫「友誼」，這樣的關係就是「虛假的連結」。或者，違反戀人的意願強加束縛，這也是「虛假的連結」。

相反地，即使不常見面，卻仍能打從心底信賴的朋友，就是「真正的連結」；即使見不到戀人的面，也還是能相信對方的愛，這也是「真正的連結」。

POINT

「連結」能讓尊重的感覺更為深入。

人際關係良好，心靈就一定健康？

我的專業是人際關係療法，這是一種實證（Evidence based）醫學精神療法，主要是治療憂鬱症、飲食障礙，以及與心靈創傷相關的疾病。而以這種療法來思考本篇的主題「連結」時，我們可以從中看見一些耐人尋味的觀點。

「人際關係療法」是注重「人際互動與心靈健康之密切關連」的治療法。光聽這個名詞，可能有人會誤以為，這是「針對人際關係有問題的人」所進行的治療，既然自己「沒有人際關係的問題」，所以與此無關。

不過，有一個值得注意的重點是——

其實，有許多心靈生病的人，都沒有「人際關係的問題」。相反地，他們為了不引起「人際關係的問題」，會刻意壓抑自己、察言觀色，努力維持與他人的關係。

也就是說，他們為了不引起「人際關係的問題」，會不斷地配合對方，直到累積過多的壓力而讓心靈生病。

在我的患者之中，許多人表面上都有不少朋友，甚至還有人廣結善緣、很受歡迎，但如果詢問他們對這樣的狀況有何感受，他們都表示「其實根本沒有人了解自己」，因此只有滿滿的空虛感；或是覺得「如果不努力大家都會離開」，所以經常感到絕望與不安。

這樣的狀況我們在 Lesson 2 也曾提過——「偽裝」自己去討好別人，是不可能獲得自我肯定感的。否定、壓抑「真正的自己」，覺得如果不扮演「他人眼中的自己」，就難以被他人接受——這種想法完全就是對自我的否定。

這種自我否定很容易就會導致心靈上的疾病，即使沒有生病，也一定會讓自己「活得很艱辛」，離「感覺幸福」的日子越來越遠。因為只重視「形式上的連結」，所以得不到「心靈上的連結」。也就是說，自己能感覺到的，只有空虛、不安的「虛假的連結」。

而這樣的態度，也是「對他人的不尊重」。

明明對方可能是個仁慈寬容、能夠理解各自差異的人，但是自己卻覺得如果不扮演「討人喜歡的角色」，就無法贏得對方的好感，這其實是低看了對方的人格。

當然，我們身邊的人並非全都是性格成熟、寬容大度，所以當我們坦言以對時，有人或許會出現震驚的反應。但是，人類也具有努力的特質，許多人就算震驚，還是會「努力試著去理解」，之後就逐漸「習慣」。即使在當前的社會，也有許多過去無法被大眾接受，如今人人卻已習以為常的現象或狀況。

如果只因為對方一開始感到震驚就受傷，而認定「這個人果然還是不理解我」，等於根本沒有給予對方成長的空間，這也是一種不尊重的態度。所以，請試著去尊重對方的成長步調吧！

如果給了許多時間，對方還是不打算理解，那也只能接受「對方應該是有不能理解的原因」，只不過那就是對方的問題了。

POINT

「虛假的連結」，來自於不夠尊重。

展現原本的自己，才有真正的連結

所以，那些壓抑自己、害怕引起人際關係問題的人，在治療中都要經歷「展現真實的自己，與他人產生連結」的過程。

這當然需要很大的勇氣，因此治療者必須要陪伴他們一起前進。長年以來，我治療了許多患者，深刻地感受到——「治療者的角色，就是自我肯定感的暫時代替品」。

我所進行的治療，本質上就是要代替無法自我肯定的患者們給予肯定，幫助他們接受「原本的自己」，與他們一起向前，獲得積極改變的力量。

即使因為生病的關係，什麼都做不到，那也是「原本的自己」。如果患者認為自己「把問題推給生病，其實只是在偷懶」，就要幫助他們理解「這是生病引發的症狀」，這也等於在幫助患者肯定「原本的自己」。

身為治療者，我們必須像這樣，一邊幫助患者確認安全感、一邊讓患者將之前無法坦露的「真實的心情」，緩緩表達出來。

例｜我鼓起勇氣告訴母親：「我現在很低潮，即使想工作也提不起勁。」母親竟然能夠體諒，而對我說：「那就好好休息吧。」

要將自己真實的心情傳達給他人，最困難的就是跨出第一步，而且大多數時候都需要治療者在旁協助。

然而，**只要經歷過一次「傳達之後被接受」的體驗，就能從中獲得難以想像的力量。**

那樣的體驗是無法用理論說明的，是一種美好得難以言喻的感受。而「真正的連結」就是這樣的感覺，它能大大提升自我肯定感，甚至治癒心靈上的疾病。

POINT

「原本的自己」被接受的體驗，足以治癒疾病。

感受尊重，必須有「安全的環境」

當然，不是只有在治療過程中，才能建立「真正的連結」。

我是「日本態度療癒學會」（AHJ; Attitudinal Healing Japan）的志工，這是一種每個人都能實踐的心靈療癒方式，我會參與其中，並非出於醫師的職責，而是自己的興趣。有許多不同的人們聚集在這裡，並不是因為生病，只是覺得生活很艱辛、充滿壓力，或是對於特定的狀況覺得煩惱或受傷。

每次召開研討會，我都會遇見不同的參與者，看到這些人透過一日療程稍稍碰觸到了「真正的連結」時，總是讓我非常感動。

特別是那些起初抱持著懷疑等各種想法的人，只要經歷過團體分享（亦即每個人都放下論斷，認真傾聽別人訴說），看到每位參與者展現出「原本的自己」，都會感受到屋子裡洋溢不可言狀的溫暖，然後帶著這樣的體會踏上歸途。

我們並非只能從他人身上汲取溫暖，更重要的是感覺到從自己身體裡湧現的溫暖。

分享結束後，所有人的感想都是「人性還是美好的」、「忽然覺得自己現在就很不錯」，這就是「對原本的自己給予肯定」，對於自己或他人，都能放下「覺得很糟糕」的否定態度。

只不過，要達成這樣的結果，就必須在能夠確保安全的環境裡，拿出些許的勇氣，完全展現原本的自己。如此一來，即使是起初不打算這麼做的人，在接觸到別人的「原本的自己」之後，也能獲得相同的勇氣。

例｜我勇敢坦承自己小時候曾遭霸凌，對方只是默默傾聽，就讓我覺得深受撫慰。

這樣的溫暖深刻而真實，完全無法以言語表達，我認為這才是「真正的連結」。

這種溫暖的感覺，不但能讓人接納「原本的自己」與「原本的對方」，更能提升自我肯定感，甚至治癒心靈上的疾病。

此外，這也讓人得以重拾「人性還是美好的」這種最為基本的體認——當然，這裡所說的「人」，也包括我們自己，因此自我肯定感理所當然會有所增進。

這就是對「人」這個存在所抱持的尊重。而最能讓我們自然感受到尊重的地方，就是「安全」的環境。

所謂安全的環境，就是自己不會被評價、也不會被論斷的地方。

前面已經提過很多次，「論斷」與「尊重」是無法並存的，沒有「論斷」的地方，才更容易感受到「尊重」。

不過，這並非需要某種特別的情境才能實現。

只要我們與他人相處時能放下「論斷」，就能尊重自己及他人。

POINT

放下論斷，就能自己創造「安全的環境」。

不必「共鳴」，只要「共存」

例　我聽了朋友的失戀故事，因為遭遇和自己太像了，最後忍不住一起哭了起來。

有些人聽了別人的故事會「感同身受」、或是「因為有過類似遭遇，而深感共鳴」，於是覺得產生了「連結」。

在這種時候，其實要特別留意。

覺得對方和自己有相同的體驗——這種想法只是「現在的自己所下的評價」而已。

事實上，很可能只有你覺得「對方和自己一樣」，對方卻完全不這麼想，甚至聽到「一樣」時，還會感到很困惑。

除此之外，因為覺得「對方和自己一樣」，於是就把對方的經歷套進自己的框架裡，結果反而忽略了「原本的對方」。

就像這樣，一旦覺得對方的某個「狀況」或「經歷」「和自己一樣」，很可能就會減低對對方的尊重，所以要格外小心。

即使罹患一樣的疾病，每個人體會的感受也各有差異；就算看似在相同的境遇下成長，每個人背負的狀況也會影響各自的體驗。只看到其中一小部分，即認定「對方和自己一樣」，其實就是不尊重「原本的對方」。

只是看到一部分就認定「和自己一樣」，在本書中將這種狀況稱為「共鳴」。「共鳴」基本上只會帶來「虛假的連結」。

然而，如果我們在傾聽別人的故事時，真正地接納了「原本的對方」，就會感受到「真正的連結」。當我們感受到「真正的連結」，會與對方產生溫暖的一體感，卻不會有「和自己一樣」的想法，因為此時基本上不會有「我」的存在。

因為我們的目光正放在對方的現在，所以「我」就消失了。

例「朋友被公司資遣了，情緒極為低落。我只是默默陪在他身邊聽他訴苦，沒過多久，他就露出釋然的表情說：「或許這是轉換職場新跑道的契機呢。」」

接受「原本的對方」、擁有「真正的連結」，在本書中稱為「共存」。如果是「共存」，無論對方處於什麼狀態，都能與他同在。

這種感覺與「沒辦法和那麼痛苦的人相處」、「對方太可憐，實在看不下去了」，正好完全相反。

當我們有上述感受，是無法與對方「共存」的。因為自己覺得痛苦，所以無法與「原本的對方」（痛苦的對方）相處，在此狀態下，已經出現了覺得對方「太痛苦」與「太可憐」的「論斷」，而「論斷」與「尊重」是無法並存的，當然也因此無法建立「真正的連結」。

如果可以拋開「論斷」、與對方「共存」，無論對方是何狀態，都能與他同在。

此外，如果有人與自己「共存」，我們就能安心地循著自己的步調前進。就像上述的例子，即使被裁員而遭受打擊，也會有重獲自由的感覺，察覺到自己可能發現新的契機，這也是往前邁進的一個過程。

與他人「共存」的時候，無論對方的狀態有多麼「痛苦」或「可憐」，我們都能感受到對方在這其中竭盡全力活著的能量，以及無法言喻的溫柔。

即使面臨各種極限也還是奮力前進，一旦感受到這樣的能量，我們就將湧現「人性還是美好的」體會，進而提升自我肯定感。

與「原本的對方」共存時，基本上也就等於與「原本的自己」共存。那裡完全沒有否定的存在，只有「原本的自己」與之共處，讓我們能夠尊重自己及對方。比起精神喊話似地說：「我要更喜歡自己！」這會是截然不同的感受。

POINT

尋求「和自己一樣」，會忽略「原本的對方」。

靠得太近，無法看清彼此的關係

例 我想和男友建立「真正的連結」，所以總是頻繁地 line 他。

「真正的連結」是心靈上的連結，不會被 Line 了幾次、或一起出遊幾趟這種「形式上的連結」所捆綁。

相反地，如果被「形式上的連結」所束縛，就很難感受到「真正的連結」。

因為此時已經存在著這樣的「論斷」——

「如果失去了『形式上的連結』，就不能成為『連結』。」

例 我丈夫只要一發脾氣，就會拳腳相向、使用暴力，明明他平常是那麼溫柔又有耐心。

想要感受到「真正的連結」，就需要「適當的距離」。

如果與使用暴力的伴侶距離過於緊密，基本上就不可能感受到「真正的連結」。首先，能夠忍受「嚴重暴力」的人，其實正處於極端自我否定的狀態，因為自我肯定感夠高的人，會想要「在這種狀況中保護自己」。

然而，一旦選擇與對方分開，就等於實際地失去了「形式上的連結」。這種失去太過痛苦，所以很多人寧可繼續留在傷害自己的人身邊。即使只是失去「形式上的連結」，也還是一種失去，仍然會感受到強烈的寂寞，可能還會覺得「自己再也遇不到別的伴侶」了。

但是，只要與人分離，無論對方是誰，都會有相同的感覺，這也可以說是一種單純的「喪失體驗」。

相反地，與暴力對象分手，卻是在確保自己的安全。人只有在安全之中，才能保持「原本的自己」。而且，唯有保持「原本的自己」，我們才有辦法接受「原本的對方」。

乍看之下似乎很矛盾，但是諸如此類的案例，必須先斷絕「形式上的連結」，才有辦法接受「原本的對方」；而狀況也會從「我很糟糕所以才被打」、「只要我忍耐就沒事了」，轉變為「是啊，對方真的生病了」，進而認清「對方的原因」。

如果還繼續維持「形式上的連結」，就會不斷責備自己「又惹對方生氣了」；一旦拋棄了這種連結，才能看清對方的現況只是「反映了對方所背負的問題與原因」。

POINT

拉開距離，才能看見對方的「原因」。

無需「同步」，只要理解對方是這樣想的

如果是有暴力傾向的伴侶，還能選擇「分開」；但如果是親人等割捨不掉的關係，或即使你保持距離，對方仍隨心所欲地跨越界限，這樣的關係就沒那麼容易從中「解放」了。

此時，只有放下「對方正侵入自己的領域」這種先入為主的「成見」，才能得到真正的「解放」。

比方說，有個朋友總是在背後說別人壞話，經常讓你聽了鬱悶不悅。如果每次他道人長短時，你都站在他那邊，和他一起「同步」、也跟著議論紛紛，只會讓自己的心情變得更糟。

這時，你應該做的並不是和對方「同步」應和，而是做個旁觀的傾聽者，將這些話當成是「對方」所經歷的「辛苦過程」，想著他「真是辛苦了」或是「你已經很努力了呢」。

或許有些時候，我們確實會想附和對方，但在背後說人壞話這種事，還是不要同步比較好。

如果這時感受到對方「要求自己與他同步」，我們就會覺得「自己的領域」被侵犯了。然而，對方是不是真的要求我們與他同步，這是屬於「對方的領域」，事實為何，除了對方沒有人知道。

即使對方真的做了這種要求，也不需要覺得「自己必須同步」，只要理解「他現在的心情是希望我與他同步」，接受「對方的領域」在當下是處於這種狀況就行了。

如果開口叫對方「不要再說別人壞話」，就等於否定了「原本的對方」，也會失去機會建立「真正的連結」。

例 朋友總是說「你的想法錯了」、「你一直在自我逃避」，再三地否定我，和他相處真的很痛苦。

這些事明明是屬於「自己的領域」，卻要這樣被他人論斷。當有人說「你的想法錯了」，不要認定自己是被「論斷」，只要把這句話置於「原來對方是這麼想」的範疇內，「自己的領域」就不會遭到侵犯。畢竟，對方有這種想法，是屬於「他的領域」，只要簡單地回應「原來你是這麼想啊」、或是「我會思考看看」就好。

如果回答「你的想法才錯了」，否定「原本的對方」，就一定會遭到反擊。如此一來，我們就會被「同步」這個「形式上的連結」所捆綁，然後被「虛假的連結」所左右。

POINT **不要認為「被論斷」，當成是對方的想法就好。**

坦言以對，只說自己領域內的事

我們在前面討論了許多方法，以尊重「原本的自己」與「原本的對方」，還有一種加深關係的管道，就是「說出真實的想法」。

在 Lesson 3 曾提過，說話時以「我」為主語是很重要的，當我們對別人坦承真實的想法時，只要訴說「自己的領域」內的事。

例如：「聽到你說我錯了，『我』覺得很難過」。

如果反擊說：「『你』才是錯的！」就變成是論斷了「對方的領域」，一定會引起反彈。

若只是表達了自己的「難過」，那就是「自己的領域」內的事，這才是尊重「領域」的態度。

雖然不知道對方此刻聽不聽得進去，至少「聽到你說我錯了，我覺得很難過」這句話，要比直接回應「你才是錯的」，更能促使對方反省自己的態度。

如果坦誠地說出真實的想法，而對方也接受了，這樣的體驗就能建立起「真正的連結」。

當然，對方不見得一直都能接受自己所說的話。

在這個時候，只要這樣想就好了——

「自己都如此坦誠了，對方還是不能接受，可見他的自我肯定感真的很低，看來他的過去應該發生了什麼麼事。」

就像 Lesson 1 所說的，世界上有一種人「必須不斷證明自己是對的」。專斷獨行者在旁人看起來，像是「有自信的人＝自我肯定感高的人」，事實卻正好相反。

他們已經被「必須與自己意見相同」這個「形式上的連結」所束縛，而難以接受人人原本就各有看法這個「真正的現實」，其實是可憐之人。

POINT

專斷者受制於形式上的連結，其實很可憐。

就因為是家人，更要尊重彼此的領域

我在進行臨床治療時，發現許多自我肯定感低落的人，都極難與親近之人——也就是家人——建立「真正的連結」，這似乎也讓他們的自我肯定感更加低落。

因為，與平常密切相處的人們之間若不存在尊重的關係，就會不斷地遭到否定。

換句話說，與身邊親近之人建立「真正的連結」，會成為提升自我肯定感的重要關鍵。

然而，一旦建立連結的對象變成了家人，很多時候我們就難以維持「領域」的意識。

例「母親總想干涉我的人生，不是說「媽媽覺得這所大學比較好」，就是說「你去考公務員，媽媽才放心」，讓我非常痛苦。

當孩子到了青春期，父母的課題之一就是要建立這樣的意識——「孩子的領域是屬於孩子自己的」。

父母必須認知到「孩子已經長大了……」，才能「放手讓他們獨立」，但事實上很多人都做不到。

結果，這些父母的孩子只能在戒慎恐懼看著雙親臉色的環境下成長，而被慣壞的父母開始不再用語言溝通，而是逼迫孩子察言觀色，只要孩子違反自己的意思，就會不悅與嫌惡。

至於手足之間，則可能會延續過去的關係，讓某一方隨意侵入自己的「領域」。例如，有些年長的兄姊會擺出「沒人比我更了解你」的態度，而隨意主導或論斷年幼弟妹的言行。

即使面對親近的家人，只要不尊重彼此的「領域」，就無法建立「真正的連結」，這個原則並沒有改變。

如果感覺到家人侵入了自己的「領域」，可以試著思考自己是否也侵入了對方的「領域」，或許會有意外的發現。

例如，別人對自己說某些話時，自己不會受傷，但如果是家人說的就會不悅，這之中其實隱含著「家人應該理解自己」的想法，等於已侵入了對方的「領域」。

那麼，要如何才能讓彼此保有自己的「領域」呢？

那就是不要用指責「對方」的方式說話——像是「你怎能這麼說」或「你為什麼要說這種話」，而是要改成傳達「自己」的心情，告訴對方「這些話讓我很難過」。

「家人之間說什麼都沒關係」，這樣想是不對的，「就因為是家人，說話時才更需要尊重彼此的『領域』」。

POINT

反思「自己是否也侵入了對方的領域」。

不要將「一起行動」賦予「親密」的定義

例｜如果不時時和戀人在一起，我就會感到不安，所以總是忍不住束縛對方。

如果自我肯定感低落，就容易被「形式上的連結」所支配。

因為，即使是「形式上的連結」，也會讓自己有得到支持的感覺。對於自我肯定感低落的人來說，一旦被別人發現自己連這種連結都沒有，就會感到羞愧。

就算想時時在一起，但對方有自己的喜好、也有自己的安排。

如果是能互相尊重的人際關係，就會尊重對方的喜好及安排，想一起行動就一起行動，要是不感興趣或另有所好，就各自行動。如果無視於彼此的意願，只要求「必須一起行動」，總有一天會互生嫌隙。

每個人的狀況都不相同，有時也會想安靜地獨處。

重點是，為什麼「不一起行動就會感到不安」？

這是因為，如果不一起行動，就會覺得受到忽視，開始懷疑「自己是不是被討厭了」、或是「彼此的感情可能沒有那麼親密」。有時則是太過在意周圍的眼光，害怕別人覺得「自己一個人行動，是因為不受重視」。

在此時，「一起行動」這個「形式上的連結」，即被加諸了「親密」、「受到重視」等意義。

若是興趣相投，一起行動會帶來不小的樂趣，但如果彼此想做的事都不一樣，這只會給對方帶來束縛，無法享受優質的相處時光。

此外，有些人的個性就是不喜歡一起行動，這絕不是對方有什麼異常、或刻意要忽視別人，只是他需要一個人的時間而已。

這時，如果硬要把「一起行動」冠上「親密」、「受到重視」等意義，就會讓對方覺得不喜歡這麼做的自己很糟糕，於是勉強迎合、或開始自我否定。

一旦被這種「形式上的連結」捆綁住，不是會去束縛他人、就是變得否定自己，因而造成許多痛苦。

如此一來，就會既無法尊重對方，也無法尊重自己。

在 Lesson 3 提過，清楚劃分「自己的領域」與「對方的領域」，對尊重來說是必要之舉。

而「在那段時間裡想做什麼事」是本人的決定，也是屬於本人「領域」內的事。

因此，只要抱著這樣的想法——

「讓別人隨心所欲運用時間、自己也隨心所欲運用時間」，就能建立一份足夠成熟、也足夠自由的人際關係，當然也才能獲得「真正的連結」。

POINT

讓彼此隨心所欲運用時間，才是成熟而自由的關係。

每個人對距離的感覺都不相同

「想要一起行動」造成的問題，並不僅止於前述的狀況，也可能因此失去言行的自由。

「連結」是自己體會到的感受，並不需要透過「在一起」或「配合對方」等「應有的言行」來呈現，但如果受到「形式上的連結」所支配，狀況就會逐漸走樣。

例 最近新認識的朋友感覺十分疏遠。即使自己坦誠以對，對方還是三緘其口，雖然希望和他變得更親近，但總是有距離感。

一般來說，大家都以「坦白多少個人的資訊」來判斷彼此的「距離」。「覺得有距離」，代表的意義就是對方沒有敞開心房。

每個人對於人與人之間該以何種距離相處，想法都不一樣；即使是同一個人，在不同的時期與狀況下，認知也會有所差異。

對某人來說「有距離」的關係，對另一方來說可能「剛剛好」。特別是之前曾被他人傷害的人，更需要許多時間才能慢慢打開心房。逼迫這樣的人「馬上坦白自己的事」，幾乎可以算是霸凌了。

即使沒有那麼嚴重，也有不少人會覺得自己「遭到窺探」，因而不舒服或不愉快。

因此，當自己「想要更加接近，卻遭到拒絕」時，其實只是彼此對「距離」的感覺不同而已，沒有必要認為自己本身被排斥了。

大家現在應該可以了解，在這種狀況下要求對方「更加坦白個人的事」，其實就是缺乏尊重。只要理解「對方現在只能坦白到這個程度」，就不會心生不滿。接下來，如果能繼續保持這樣的態度，相信對方就會漸漸敞開心房。

尊重對方所需要的過程，才是真正的尊重。

這樣一路看下來，我們可說是在原本不需要的地方降低了自我肯定感。因為我們在「形式上的連結」（一起行動、坦白個人之事）強加了「親密」、「受到重視」這些意義，因而更強化了「自己很糟糕」這種自我否定的感覺。有沒有「形式上的連結」都無所謂，更重要的是尊重彼此的領域，才能直接培育自我肯定感。

POINT

強求對方「敞開心房」其實是霸凌。

尊重對方所需要的過程

例「母親過世了，我的心情一直很低落，朋友卻勸我：「打起精神來吧，就算你再傷心，媽媽也不會回來了。」這讓我更加難過。

不知道有多少人在自己所愛的人過世時，曾被他人自以為善意的言語刺傷；而自己心情低落時，旁人的每一句鼓勵聽來也很殘酷。

當別人遭遇傷心之事時，我們經常會思考著：「應該向對方說些什麼才好。」

但是，只要開始思考「應該向對方說些什麼」，就會把眼光從「原本的對方」身上移開，轉為思考「自己應該怎麼做才對」。

而「應該向對方說些什麼」的想法，基本上就是在「論斷」對方「應該從悲傷中走出來比較好」。

當人有所失去，都需要經歷悲傷的過程，透過沉浸在悲傷之中，重新整理自己的心情。

這些悲傷及沮喪能使我們與正在進行的社會生活拉開一些距離，讓我們專心地療癒自己。

因此，即使對方「總有一天會從悲傷中走出來」，但是直接「論斷」對方「從悲傷中走出來比較好」，基本上是不對的。

大多數的鼓勵及正面話語，都是基於「從悲傷中走出來比較好」這個「論斷」所做的思考。

這樣的說法對於還需要時間沉浸在悲傷中的人而言，聽起來就像自己被否定了。

那麼，面對正處於悲傷中的人，應該怎麼做才好呢？

那就是放下偏見及論斷，無論對方說什麼，只要靜靜地傾聽。

即使內在浮現「好可憐」、「好想安慰他」的心情，那都是基於「對方從悲傷中走出來比較好」的「論斷」，所以就放手吧！

當然，也有人「不想讓別人看到自己脆弱的樣子」、或是「不想被同情」，對於這樣的人，只需要接受「原本的他們」就可以。

不要多餘地去揭穿對方「明明很傷心」，這只會對他們造成傷害，至少也無法建立「真正的連結」。

基本上，「對方的內心只有對方自己知道」，我們只能看見對方外在的言行而已。

對於正深陷痛苦的人，我們只需要「默默守護」。

對方如果傾訴了什麼，就放下「論斷」，仔細傾聽。

如果對方希望開心地度過，就跟他一起開心地度過。

就像這樣，只要能用對方想要的方式跟他一起度過，就是比什麼都好的安慰。

這就是尊重對方所需要的過程。

POINT

「默默守護」，就是最好的安慰。

「為了你好」，其實是批判與支配

例 跟我很要好的同事自從得到社長獎就眼高於頂，我擔心他總有一天會惹上麻煩吃苦頭，所以想勸他低調、謙虛一點。

就像前面所述「從悲傷中走出來比較好」的想法，人們經常想用自己認為「好」的「形式」去改變對方，很多人甚至以為這才是「真正的連結」。

每當有人要提出忠告，我們經常會聽到對方這樣說：「這種嚴苛的話，我只會跟真正親近的人說。」他們將否定對方的話包裝成

「親近」、「連結」的證明。

但是，即便再怎麼親近，真有必要用這種否定的方式說話嗎？如果是自己「希望能這樣」，這是屬於「自己的領域」，所以應該如此表達：「我擔心你會激起別人的嫉妒，像你這樣獲得社長獎肯定的人才，要是被打壓就太可惜了，這時如果表現得『謙沖為懷』，才更能證明你的實力和氣度。」這就是從「自己的領域」來考量的說法。

然而，如果是說「你應該更謙虛一點才對」，就完全侵入「對方的領域」了。

Lesson 3 曾提過，「停止想要改變他人」是尊重的原則之一，而「論斷」與「尊重」更是無法並存。「這種嚴苛的話，我只會跟真正親近的人說。」這是一種基於「說出嚴苛的話＝親近的證明」所做的「論斷」，完全是缺乏尊重的「虛假的連結」。

一旦與親近的人建立「虛假的連結」，基本上就是痛苦的開始。因為我們無法逃離親近的對象，所以也無法擺脫已經習以為常的「虛假的連結」。此外，身邊一直存在著否定自己的人，也只會使自我肯定感更加低落。

「這種嚴苛的話，我只會跟真正親近的人說。」這樣的話語完全是一種批判、支配，甚至是虐待。我們不應該懷著這種惡意，而是要尊重對方，自始至終只從「自己的領域」去勸告對方：「因為我很擔心，所以覺得改變一下比較好。」

POINT

自己認為的「好」，只是片面的「論斷」。

道歉之後，留給對方反應的自由

例 我已經好好道歉，但朋友一直不原諒我。我都低頭賠罪了，他也應該要釋懷才對。

當自己對對方做出了失禮的事，當然必須「道歉」，但如果被「道歉之後，對方就應該釋懷」的「形式」所捆綁，就會陷入讓人飽受折磨的「虛假的連結」。

因為，對方是否釋懷，基本上是屬於對方「領域」內的事。

有些人的個性很容易釋懷，有些人則需要多花點時間。此外，對方也可能因諸多壓力或感到疲累，導致當下很難保持正面情緒。自己的道歉有多麼誠懇，與對方是否能馬上釋懷，並沒有一定的關連。

當然，想要建立「連結」，自然需要誠懇的道歉。

但是，對方是否釋懷，只能反映出對方當時的處境與狀況，並不是我們所能控制的。

如果缺乏這樣的認知，就會被「只要道歉，對方就會釋懷」這種「形式上的連結」所制約，造成對方多餘的負擔，讓原本就難以釋懷的對方，變得更加不安。

「只要誠懇道歉了，就應該釋懷」，這句話不但是一種束縛，更是一種「論斷」。

對方有「反應的自由」，即使理智上已經接受道歉，情緒卻可能還沒有跟上，這是常有的事。

當別人對我們做了失禮的事，就會在我們內心造成一定的衝擊；而想要從這項衝擊中回復、再一次信任對方，每個人需要的時間長短都不一樣。

盡可能誠懇地道歉，之後就給對方留下空間吧！這就是尊重對方所需要的過程。

POINT

做自己能做的事，之後就放下。

如何說「不」，自我肯定感又會變高？

例—我覺得想要與他人建立連結，某種程度上就必須配合對方，所以我盡量不拒絕別人的邀約。

一旦有了「想要與他人建立連結，就不能說ＮＯ」、「不應該潑別人冷水」的想法，就會什麼事都不敢拒絕，或是在拒絕之後萌生罪惡感，不斷揣測「對方會怎麼想」，而使自己陷入痛苦。

當別人提出委託或邀約，我們有時會因本身的原委而必須拒絕。有可能是真的有事或忙碌，也有可能只是「沒那個心情」。

在這樣的時候，如果始終認為「想要與他人建立連結，就不能說ＮＯ」，便會與現實嚴重脫節，而覺得苦不堪言。

自己的狀況基本上是屬於「自己的領域」；把自己的狀況告知對方後，對方會如何反應，那就是「對方的領域」內的事。

因此，**我們只需要負責「把自己的狀況告知對方」**。

但是，如果跟對方說明「自己很想接受，卻因為某某原因無法做到」，總有些不太自在，這是因為對對方覺得「不好意思」。無論是誰，提出委託或邀約卻遭到拒絕，感受都不會太好，就是因為理解這一點，我們才會覺得「不好意思」。

若是如此，在說明完自己的狀況後，只要再加上這樣的話語——「難得你邀約我，真抱歉。」或是「有機會再找我喔。」以回應對方的心情就好。這也同時表達了「這次我雖然沒辦法，但我並不是在拒絕你」。

只要表達完自己的心情，對方會如何接受，就是對方的事了。

有些人會很乾脆地說：「那就下次吧！」有些人理智上雖然可以了解，心情上卻要花一點時間才能接受（比較情緒化的人）。有些人甚至只要被拒絕就會斷絕關係，這樣的人在自我肯定感方面必定有著很大問題。但是，為了建立「真正的連結」，我們也只能接受「現在的對方」，然後帶著遺憾的心情，默默等待對方改變的那一天。

POINT

每個人遭受拒絕時的反應都不一樣。

彼此尊重，勝過於互相了解

例「根本沒有人了解我的心情與想法。我可能永遠都無法擁有「真正的連結」了。

既然「真正的連結」是心靈上的連結，自然有人會認為，這代表著「別人是否了解自己的心情」。

但是，「真正的連結」絕對不是建立在「對方是否了解自己的心情」之上。基本上，我們根本不可能真正理解他人的心情。

確實，和一個體會相仿、經常能理解自己感受的人，會很容易變得親近。但「互相了解」只是「形式上的連結」，如果太過執著於此，一旦出現些許歧異就會遭受打擊，或即使不贊成對方的想法也還是跟著同步應和，陷入「虛假的連結」。畢竟，世上沒有兩個人會是完全一模一樣的。

然而，我們卻有可能與對方保持這樣的距離感——「雖然你說的話、做的事，我不見得能夠理解，但你的為人很值得信賴。」

雖然無法理解對方的價值觀，但因為對方誠實的人格，所以能認為「他既然會這麼做，一定有自己的理由」，因而接受對方的言行，這才是「真正的連結」。

不否定對方的行為或感受，只是尊重對方「做每件事的原因」。身而為人的我們，都在各自被賦予的「條件」中努力活著，每個人的條件也不盡相同，因此我們不可能完全理解他人的心情。但是，如果把視線聚焦於「每個人都很努力」，無論對方的條件如何，我們都能夠予以尊重。

如果「真正的連結」就是彼此尊重的關係，那麼即使不了解對方的「條件」，也依然能夠支持對方。

接受「對方的本色」、並且認同「對方的努力」，基本上具有讓對方起死回生的效果。如果對方是一個成果至上的人，只是去尊重對方的「努力」，將使其感受到深刻的「安全」與「溫暖」，而直接回饋到自我肯定感，使對方體驗到「是啊，我很努力了」、「應該會有辦法」這樣的安定感。

POINT

無法理解也沒關係，只要肯定對方的努力。

享受沉默，創造相處的優質時光

例 我笨口拙舌，很難跟別人愉快地聊天，更別提建立什麼「真正的連結」，那是癡心妄想。

很多人以為，要與別人建立連結，就必須很會說話。但如果認定「必須很會說話」，就會落入「形式上的連結＝虛假的連結」，而與「真正的連結」漸行漸遠。

就算無法和別人「愉快地聊天」，也能與別人產生連結。

享受沉默，就是其中一個方式。

這個說法可能會讓人有些疑惑，畢竟我們多半都認為沉默令人尷尬。一旦陷入沉默，自己就像是被評價為「無趣的人」，只好拚命找話說來填補沉默，然後又覺得自己「說了許多無聊的廢話」，最後陷入自我厭惡。

但是，如果尊重對方的話，又會如何呢？

對方或許是個喜歡沉默的人，也或許正在靜靜享受、品味周遭的環境（可能正在傾聽小鳥的啼叫），更或許他是個喜歡按照自己的步調，隨性、自在交談的人。

明明不清楚對方的狀況，只是因為「不想被認為是無趣的人」，就拚命說話填補沉默，其實就是不尊重自己及對方的證據。

與他人相處時，如果能夠享受沉默，這樣的人際關係其實是非常優質、美好的。因為此刻你所享受的不是會話的內容，而是對方的存在，這才是尊重的基本精神。

因此，若與別人相處時突然陷入了沉默，不要慌張地拚命說話，可以試著去體會這樣的感覺——「我們之間，是可以共享沉默、彼此尊重的關係」。如果能在沉默當中感覺到「安全」及「溫暖」，那會是人生中難得的體驗。

沉默之所以讓人難受，是因為大家都有「必須說些什麼」的強迫觀念，這乃是來自於「沉默使人尷尬」的「論斷」。只要能放下這種論斷，留給我們的就是安穩的環境、以及彼此間安穩的關係。

尊重沉默，就能獲得與對方相視微笑、隨意漫談、自然傾聽、聊及眼前所見這些豐富、充實的時光。當然不只是對方，澄澈的空氣、剛萌芽的樹木，周遭的所有情境和景象，都值得我們尊重。

POINT

拋開「必須說話」的強迫觀念。

迷惘時，選擇與「應該」相反的選項

本書到目前為止所要說明的，基本上就是——不要對現實做出任何論斷，而要接受它原本的樣貌。

從對方應該是「有什麼原因」的角度去看待態度惡劣的人，也並非是出於什麼溫情，只是接受現實而已。實際上，人們所有的言行都是架構在「原因」之上。

書中的內容簡而言之就是如此，那麼，為何這樣做能提升自我肯定感呢？為何只要放下「論斷」，就能進入自我肯定與尊重的良好循環？

那是因為，只要我們可以保持自在，就能夠肯定自己。

原本，我們都擁有高度的自我肯定感，卻因為各種形式（大多數都是別人對自己、或自己對自己所下的「論斷」）而開始貶抑自己，使得自我肯定感每況愈下、越見低落。

傾聽自我肯定感低落的人說話，其中必然有否定的「論斷」。能夠不受「論斷」影響，並且按照自己的心意，自由自在地一邊嘗試犯錯、一邊努力生活的人，則擁有高度的自我肯定感。

也有人在成長的過程中，主動決定離開「論斷」的世界，因而重獲自我肯定感。治療心靈上的疾病也能讓人發現「論斷」的存在，進而找到擺脫的機會。

我們經常會聽到「變得圓融」的說法，隨著年齡及經驗的累積，人們漸漸能真切體認到「這世上有各種各樣的人」，因而不再凡事都輕易加以論斷。

不隨意論斷的人看起來「既寬容又成熟」，但其實這一點也不特別，只是人類本來就擁有的能力。

也因此，希望大家不要論斷本書的內容是「應該這麼做」。要想像自己解開了一個個傷害、捆綁自我的「論斷」，終於展現出自己原有的姿態。

不是「必須去尊重」，而是「放輕鬆之後就能尊重」；不是苦苦修行，而是自我解放。

本書之所以優先提出「尊重他人」這個方法，只是因為它比較容易著手而已。人們經常將自己對自己的「論斷」當成真實，因而難以放下；但若是觀察別人、思考對方「應該有什麼原因」，卻要簡單許多。

起初，可以先從「感覺有點不對盤的人」開始，嘗試去思考對方「或許是有什麼原因」。

因為對方如果是狠狠傷害過自己的人，或許就會變成是強迫自己「應該」去思考有什麼原因了。

這也可以說是屬於自身的「苦衷與原因」。

人們只要受到重大衝擊，會有一段時間處於危機管理模式，難以對對方產生善意的想法。如果這時還要強迫自己去思考「對方應該有什麼原因」，就會變成痛苦的修行，也就是變成「應該如何」了。接著我們就會否定做不到的自己，反倒使自我肯定感更為低落。

每當你不知所措、覺得迷惘，開始意識到自己又在思考什麼才是對的、必須的，就選擇與「論斷」及「應該」相反的選項吧。

這樣一來，就能重獲人類與生俱來所擁有的自我肯定感。

POINT

我們原本就具備自我肯定感。

虛假的連結	vs. 真正的連結
偽裝成別人喜歡的自己，拚命討好以維繫關係	在安全、溫暖的環境裡，展現原本、真實的自己
共鳴——只看見一部分就認定對方和自己一樣，會忽略原本的對方	共存——接受原本的對方，無論對方處於什麼狀態，都能與他同在
與戀人的距離過度緊密，寧可忍受對方的暴力並自我責備	拉開與戀人的距離，看清對方背負的原因，停止自責並確保安全
要求同步，必須與自己意見一致，否則就無法接受或被激怒	坦言以對，認清人人各有看法的現實，只要理解對方是這樣想的就好
一定要一起行動、頻繁連絡，配合對方的喜好	尊重彼此的興趣與安排，各自隨心所欲地運用時間
對方若不按照要求坦白自己，就認為被排斥而心生不滿	每個人對距離的感覺都不相同，尊重對方想坦白的程度
論斷對方應該從悲傷中走出來，自以為是地說出鼓勵或正面話語	尊重對方需要的悲傷過程，默默守護，以對方想要的方式陪他度過
用自己認為「好」的形式去改變對方，把嚴苛的否定包裝成親近的證明	傳達自己真實的心情與想法，只從自己的領域去勸告對方
道歉之後，認為對方就應該立刻釋懷	道歉之後，留給對方反應的時間與自由
不敢拒絕，總是盡量配合對方，覺得不應該潑人家冷水	坦誠說明自己無法配合的狀況，並適當回應對方的心情
執著於必須互相了解、彼此贊同或應和	彼此尊重，即使不見得理解也願意支持對方的努力
被「沉默令人尷尬」的論斷所捆綁，為了不被認為無趣就急著開口說話	拋開「必須說話」的強迫觀念，和對方共享沉默，感受彼此安穩的關係

結語

尊重是一種狀態，而非作為

本書探討了「尊重」的感覺，這是對萬事萬物都能抱持的態度。

無論是剛走過的路人、司空見慣的環境、每天服務我們的店員、送貨到家的宅配人員，或當下正在吃的食物、「眼前這個瞬間」……只要試著去尊重，都能感覺到自己的人生品質大大地提升。

因為我們可以感受到，自己與他人被無可取代的一切所圍繞、努力活著的姿態。「尊重」雖然是動詞，但實際的感受卻不是「作為（Do）」，或許更接近於「狀態（Be）」。

也就是，對於和自己有緣的事物保持「尊重」。

也就是，認真地活著。

當然，這不是要我們「必須」認真地活著，給自己加諸「應該」的壓力。基本上，「應該」從來就不在我們的選項之內。

思考身為人類的自己可能有的「原因」，從做得到的地方開始，對於自己、對於他人、對於萬物，去尊重對方「原來的樣子」——讓自己處於這樣的狀態（Be），就是提升自我肯定感的捷徑。

若覺得自己對於某個人的態度太過情緒化，因而失去了尊重，也要接受自己「有這樣做的原因」，尊重在此狀態下認真活著的自己。

為了提升自我肯定感而拿起本書閱讀，也是值得尊重的一件事。

人類畢竟還是會追求「活得更好」、不斷前進的生命。

最終，我們會對萬事萬物都抱持尊重。

體認所有存在於這個地球上的人事物，全都屬於生命的恩惠。

感覺自己活在此時此地是多麼了不起的奇蹟。

一旦達到這樣的心境，我們的自我肯定感將會高得沒有極限。

希望本書能成為大家微小的助力。

最後，要感謝非常有活力的本書編輯，大和出版的御友貴子小姐。我與御友小姐也是一樣，雖然經常遭受失敗與挫折，卻擁有互相尊重的美好關係。

心靈方舟 4010

自我肯定的奇蹟 日本人際關係諮商首席專家，帶你找到通往幸福的途徑

作者　水島廣子
譯者　楊詠婷
封面設計　示草設計 Chiyun Studio
內文設計　耶麗米工作室
特約主編　一起來合作
總編輯　林淑雯

讀書共和國出版集團
社長　郭重興
發行人兼出版總監　曾大福
業務平臺總經理　李雪麗
業務平臺副總經理　李復民
實體通路協理　林詩富
網路暨海外通路協理　張鑫峰
特販通路協理　陳綺瑩
實體通路經理　陳志峰
印務部　江域平、黃禮賢、李孟儒、林文義

出版者　方舟文化／遠足文化事業股份有限公司
發行　遠足文化事業股份有限公司
231 新北市新店區民權路 108-2 號 9 樓
電話：（02）2218-1417　傳真：（02）8667-1851
劃撥帳號：19504465　戶名：遠足文化事業股份有限公司
客服專線：0800-221-029　電郵：service@bookrep.com.tw
網站　www.bookrep.com.tw
印製　通南彩印股份有限公司　電話：（02）2221-3532
法律顧問　華洋法律事務所　蘇文生律師
定價　350 元
初版一刷　2017 年 5 月
二版二刷　2022 年 2 月

特別聲明：有關本書中的言論內容，不代表本公司／出版集團之立場與意見，
文責由作者自行承擔。
本書初版為方舟文化《找回自我肯定感，不再感到人生艱難》

方舟文化官方網站　**方舟文化讀者回函**

國家圖書館出版品預行編目（CIP）資料

自我肯定的奇蹟：日本人際關係諮商首席專家，帶你找到通往幸福的途徑/水島廣子 作；楊詠婷 譯；-- 二版 -
新北市：方舟文化出版：遠足文化發行, 2021.12
208 面；14.8×21 公分 --（心靈方舟：0AHT4010）
ISBN 978-986-98819-0-6（平裝）

1. 自我肯定 2. 人際關係
177.2　109002588